TOUCHDOWN IN DER HÖLLE

Einmal Burnout und zurück

AF175591

Julia Goldammer

TOUCH DOWN IN DER HÖLLE

Einmal Burnout und zurück

Bibliografische Information der Deutschen Nationalbibliothek: Die Deutsche Nationalbibliothek verzeich-
net diese Publikation in der Deutschen Nationalbibli-
ografie; detaillierte bibliografische Daten sind im In-
ternet über dnb.dnb.de abrufbar.

© 2021 Julia Goldammer

Herstellung und Verlag: BoD – Books on Demand,
Norderstedt

ISBN 978-3-7557-4110-7

INHALT

Einzug 7

Einlassen 11

Aufnahmegespräch 15

Mut 19

Therapiebeginn, die erste 23

Therapiebeginn, die zweite 27

Die Profis 33

Familienanamnese 35

Das Genogramm 41

Der rote Faden im System 53

Der finale Schlaf 57

Und nun? „Was tun?", sprach das Huhn 59

Die kleine Herde 67

Mit dem Nagel auf den Kopf 71

Der Blick nach vorne oder zurück oder vorbei 79

Gipfelbesteigung 87

Gewitter am Horizont 91

Auswechselspieler 97

Klippen am Meer inmitten der Brandung 99

Wenn das Schicksal unerbittlich zuschlägt 105

Transgenerationale Übertragungen 121

Die Dinge wiederholen sich 125

Die Eiche im Wald verdeckt den Blick auf lauter
Bäume 131

Heimatbesuch 137

Das Angehörigen-Gespräch 141

Kasus Knacktus – der wunde Punkt 147

Damals im Schwimmbad-Kiosk 153

Ehemaligentreffen 161

Das Ding mit der Rache 169

Morgenrunde 173

Das Drama-Dreieck 175

Kleine Frau, was nun? 181

Einzel-KBT 185

Vertretung einmal anders 189

Auswirkungen 193

Bei Theresa in der guten Stube 195

Zurück in der Heimat 197

Zeugnis einer längst vergangenen Nacht 199

Was bleibt 203

Julia Goldammer 207

Einzug

Vor 6 Wochen kam ich hier an. In meinem Gepäck war eine 20er Packung Tempo-Taschentücher. Beim Kofferpacken ahnte ich, dass ich mit einem oder zwei Päckchen dieser Tissues definitiv unterversorgt sein werde. Ich sollte recht behalten.

Nachdem ich mein Zimmer bezogen hatte, die Taschen alle geleert waren und ich von meiner Patienten-Patin eine Runde durchs Gebäude geführt worden war, erkannte ich, dass das Therapie-Konzept dieser Klinik wohl auch die Wirkung hat, dass der Bedarf an Tränenauffangstationen mannigfaltig ist. Überall in diesem Haus stehen Boxen mit Schnellschnupftüchern. Auf den Toiletten, neben dem Buffett, im Flur, in den Gruppenräumen fünffach, selbst neben der Rezeption hocken die Taschentuchboxen still und immer bereit in jeder Ecke. Das kann ja heiter werden.

Das alte reetgedeckte Herrenhaus aus dem vergangenen Jahrhundert, was hier zur Klinik umfunktioniert wurde, steht in einem großen Park mit einer kleinen Allee als Auffahrt. Als ich hier ankam, spürte ich eine gewisse Ehrfurcht vor der Tatsache, dass ich hier sein darf. Das ganze Ambiente mutet eher wie eine Luxusherberge an als wie eine Klinik. Der Rasen ist getrimmt, die alten Eichen spenden Schatten, die Liegestühle auf der Wiese stehen locker und keiner belegt sie zum Reservieren mit seinem Handtuch. Dazu überall blühende Sträucher und wenn man genau hinschaut, sieht man dahinter sogar das Glitzern der Sonne auf der Wasserfläche des nahgelegenen Sees, der hier Meer heißt.

Nach langen Monaten Arbeitsunfähigkeit finde ich mich hier in einer Klinik für psychosomatische Medizin im hohen Norden wieder. In diesen Monaten bereitete ich vor, dass ich eine Weile weg bin. Denn jahrelang leitete ich zuvor mein eigenes Bildungsunternehmen als eine von zwei Chefinnen und trug Verantwortung für Menschen, Inhalte und auch für jede Menge Anderes. Und dieses, mein „altes Leben" ist aus den Angeln gehoben. Selbstgewählt zog ich die Notbremse. Ich wusste zu viel, um noch länger darauf zu warten, bis das Leben mir die Pause verschafft, vielleicht in Form eines Bandscheibenvorfalles oder einer anderen schweren Erkrankung.

Ich habe eingesehen, dass die Suche nach einer neuen Perspektive mir nicht gut allein gelingen wird. Ich brauche Hilfe. Mit diesem Wunsch bin ich in diesem Haus in bester Gesellschaft. Jede Geschichte, die ich hier höre, hat viel Ähnlichkeit mit meiner Eigenen und doch ist jede ganz anders. Eines macht mich allerdings etwas unruhig. Die Anzahl der Wochen, wie lange meine neuen WG-Mitglieder schon hier sind, überrascht mich. 8 Wochen, 10 Wochen, 12 Wochen…. Auf meine Frage, wie lange sie denn noch bleiben, bekomme ich mehr als einmal nur ein Schulterzucken. Meine Stirn wirft Falten und der Abstand zwischen meinen Augenbrauen verkleinert sich. Als zuversichtlicher Mensch schiebe ich diese Momente jedoch beiseite und nehme mir vor, mich einzulassen auf all das, was da jetzt kommen will.

Einlassen

Wer ein heißes Bad nehmen will, um sich zu entspannen und sich für eine Weile treiben zu lassen und eine Ahnung von Schwerelosigkeit zu fühlen, der muss zuallererst die Badewanne einlassen. So nahm ich mir vor, für meine Reise zum Selbst dieses Zeitfenster zu nutzen, um mich auf mich selbst einzulassen. Das bedeutet für mich auf Tuchfühlung zu gehen mit meiner neuen Umgebung, mal hören, was die anderen so erzählen, mal schauen, wer sympathisch erscheint. Dabei lerne ich den See vor der Haustür kennen und freue mich über die unzähligen blühenden Rhododendronbüsche, die hier jeden Weg säumen. Immerhin, zu dieser Freude bin ich in der Lage. Ich ändere meinen Status im Handy auf „Pause". Auf Nachrichten von außen antworte ich mit dem Abbild eines Kalenderblattes meiner neuen Nachbarin. Darauf steht geschrieben: „Bin gerade nicht da. Bin mich suchen gegangen".

Zu den Mahlzeiten sperre ich die Ohren auf, grüße die Mitbewohner freundlich und herzlich und wähle Plätze, die es hergeben, dass sich jemand zu mir setzen könnte. Ganz klammheimlich verfolge ich die Strategie abzuwarten, wer auf mich zukommt. Falls mir das dann nicht zusagt, habe ich jederzeit die Chance, wieder zu verschwinden, weil meine

Mahlzeit ja schon beendet ist. Ich finde, dass das irgendwie schwerer ist, wenn ich mich irgendwo dazusetze und dann merke, dass es mir auf den Geist geht. Schließlich bin ich hier von lauter Menschen umgeben, die Probleme haben. Ich habe ja auch welche. Aber ich will vielleicht nicht alle Probleme von allen hier kennen, weil das Risiko groß ist, dass mein innerer Retter hinspringt. Schließlich bin ich hier, um zuerst mich selbst zu retten. Im Flugzeug habe ich das schon hundertmal gehört, dass ich erst meine eigene Atemmaske aufziehen soll, bevor ich anderen dabei helfen möge. Die interessierten und gutgemeinten Fragen, wer ich sei, was ich mache, woher ich komme, warum ich hier bin, beantwortete ich höflich nebulös und bei den hartnäckigen Fragern, die nicht begreifen wollten, dass ich nicht vorhabe, mich am ersten Tag wie ein offenes Buch zu präsentieren, ohne den Leser zu kennen, übe ich meinen Vorsatz, den ich mir mit meiner Therapeutin daheim schon erarbeitet habe. Ich schaue meinem Gegenüber mit möglichst freundlicher Mimik direkt ins Gesicht und sage, dass eines meiner Themen die gesunde Abgrenzung gegenüber anderen sei und ich dabei bin, zu üben, meine Grenzen zu vertreten. Dazu gehört auch, manche Fragen nicht zu beantworten. Ich bedanke mich, dass ich das an meinem Gesprächspartner üben dürfe und bitte um Verständnis, wenn es manchmal noch etwas unbeholfen erscheint. Die Strategie funktioniert überraschend gut.

Es fällt mir nicht immer leicht, zu sprechen. Ich kann besser zuhören und ich kann besser schreiben. So war meine Anmeldung hier in dieser Klinik auch eine Sache von E-Mails. Nachdem das meiste schon hin und her schreibend beantwortet war, gab es noch ein Beratungsgespräch zu einem fest vereinbarten Telefontermin. Das ersparte mir das Durchfragen von der Sekretärin über die gerade nicht zuständige Vertretung der diensthabenden Schwester mit der bedauerlichen Auskunft, dass derjenige, den ich gern sprechen will, leider gerade nicht da ist. Und den Hausmeister hätte ich auch erstmal nicht an der Strippe haben wollen. In meinem Zustand wäre mir das alles auch zu viel gewesen. Ich zog es vor, auf den Punkt mit der richtigen Person verabredet zu sein.

Nachdem ich nun hier eingezogen bin, muss ich zumindest anerkennen, dass sie alle sehr freundlich zu mir sind, auch diejenigen, die nur vertretungsweise da sind. Jan, der Hausmeister gehört zu den besten und erfüllt alle meine Wünsche ganz mit Perfektion. Er besorgt mir ein zusätzliches Schränkchen und eine Pinnwand für alle meine Gedankenblitze. Ehrlich, das hatte ich so nicht erwartet.

AUFNAHMEGESPRÄCH

Wer vom Arzt in eine psychosomatische Klinik eingewiesen wird, der hat mindestens ein Problem. Nach meiner Wahrnehmung haben die meisten sogar deutlich mehr als ein Problem. Es fühlt sich eher nach einer komplexen Gemengelage an, bei der nicht immer klar ist, welches der Probleme das erste war und welches kam später hinzu. Bei mir ist das jedenfalls so.

Als mich die diensthabende Ärztin am ersten Tag befragte, warum ich denn hier sei, war es schwer für mich, den Anfang zu finden. Ich wusste selbst nicht so genau, wann es angefangen hatte. Ich wusste nur, wie es mir in den letzten Monaten ergangen war und dass es in dieser Zeit jede Menge Momente und Ereignisse gab, die mir die Kraft, den Mut, den Optimismus und ja, auch die Perspektive genommen hatten. In manchen Minuten dachte ich auch, mir wird der letzte Nerv geraubt und zu den schlimmsten Augenblicken gehörten jene, in denen ich innerlich zerrissen, ohnmächtig und hilflos war. Die Füße bis weit über die Knie in frischem Beton, der langsam aushärtet; bewegungsunfähig und nur noch Verwirrung mit hunderttausend Fragen ohne Antworten im Kopf.

Wo um aller Welt soll ich da anfangen zu sagen, warum ich hier bin? Ich versuche es pragmatisch. Ein

Aufnahmegespräch soll schließlich dazu dienen, dem Team aus Profis einen Eindruck zu vermitteln, wie schlimm genau es mit mir ist. Also sag, wie es jetzt gerade ist. Ich bin hier, weil ich mit meiner bisherigen beruflichen Laufbahn in eine Sackgasse geraten bin und den Rückwärtsgang wieder hinaus nicht allein finde. Meine altbewährten Strategien, mich selbst aus dem Schlamassel zu ziehen, sind ausgeschöpft und meine Kraft ist zu Ende. Ich freue mich auf Unterstützung beim Suchen und im besten Falle beim Finden, so dass ich am Ende meines Aufenthaltes hier wieder ein Licht am Ende vom Tunnel sehen kann. Wenn eine gute Fee kommen könnte und mir des Nachts sogar ein paar Ideen zur Lösung meiner Probleme auf meinem Nachtschränkchen hinterlassen könnte, dann wäre das hier ziemlich gut gelaufen. Ein wenig Glitzer drübergestreut zur Deko würde ich nicht ausschlagen.

„Apropos Tunnel", hakte die Ärztin ein. Wie schlimm sei es denn mit der Dunkelheit im Tunnel? Hängt da an irgendeiner Stelle schon ein verlockender Strick oder gibt es in der Handtasche einen größeren Vorrat an Schlaftabletten oder besteht die Hoffnung auf ein Boot mit großem Leck, welches im Sturm leider kentert und die Schwimmwesten sind aus?

Nein, so schlimm ist es nicht, aber ich kann nachvollziehen, warum manche Menschen diesen Weg nehmen. Ich habe immer noch gute Anker ins Leben, die mich halten. Jedoch ist das mein stilles, tiefes Glück und ganz und gar nichts Selbstverständliches. Es gibt so viele Leute, die davon so wenig haben. Bei denen ist an keiner Front eine Tankstelle in Sicht, wo wieder Kraft aufgefüllt werden kann. Und dann wird es einfach nochmal eine Nummer größer, dieses Projekt mit Namen „Touchdown in der Hölle".

Und! Es lohnt sich! Es gibt so viel zu gewinnen. Den Hauptgewinn gibt es sicherlich nur selten. Doch jeder, der Lotto spielt, tut es mit der Hoffnung auf genau diesen Jack-Pot. Und selbst für einen Dreier und das kleine Glück lohnt es sich! Also warum nicht für sich selbst diesen Versuch starten? Allen Mut zusammennehmen und um Hilfe bitten? Um Hilfe bei der Bewältigung einer Krise. Es gibt Therapeuten, die etwas können.

Realistisch betrachtet ist es mit Therapeuten genauso wie mit Lehrern oder Frisören. Manche können`s und manche eben nicht. Wenn ich einen erwische, der es nicht kann, dann muss ich eben weitersuchen. Einer wird drunter sein, der mir helfen kann. Mit jedem Schritt zu mir selbst wird es sich etwas weniger bitter, frustriert, verlassen und einsam anfühlen. Deshalb bin ich hier. Ich möchte mein Leben lebendig leben und nicht im Moment des Abschiedes von dieser Welt mit der Erkenntnis gehen, dass ich erst dann mutig sein will, wenn es zu spät ist, weil mir keine Zeit mehr bleibt.

MUT

Wieso denke ich eigentlich, dass ich mutig sein muss, um hier etwas zu erreichen? Mut ist normalerweise assoziiert mit Fallschirmspringen, Hauskauf oder Hochseilgarten-Balance-Akten. Wieso soll es mutig sein, sich in eine Klinik zu begeben und sich von anderen Menschen helfen zu lassen? Als ich da so eine Zeit in mich hineinhöre, wird mir klar, dass es Mut erfordert, sich selbst einzugestehen, dass die bisherigen Strategien nicht mehr greifen. Es braucht sehr viel Mut, seine Schwäche zu zeigen. Besonders dann, wenn man so erzogen wurde, dass Stärke das erwartete Attribut ist. Auch erscheint es mir mutig, seinen Kindern, dem Mann oder der Frau, den Eltern mitzuteilen, dass es allein nicht mehr zu schaffen erscheint. Und erst die Kollegen und die Nachbarn, wie peinlich. Was werden die denken? Was werden die sagen? Was wird aus meiner Stelle? Was passiert mit dem Vertrauen, das die anderen bisher in mich gesetzt haben? Wie oft muss ich damit rechnen, dass mir jemand zu verstehen gibt, dass es doch so schlimm nicht sein kann? Bisher habe ich es doch immer alles hingekriegt. Und wenn es sich schon mal so anfühlte, dass es nicht mehr gut ist, dann habe ich doch tief durchgeatmet, darauf vertraut, dass der Tag irgendwann um sein wird und dass es dann ja doch irgendwie weitergeht. Und besonders mutig erscheint mir, sich einzugestehen, dass ich ja eigentlich selbst Profi bin und anderen Leuten bisher mit meinem ganzen Koffer toller Tricks weiterhelfen konnte. Und nun? Aus die Maus? Ich kann mir selbst nicht mehr helfen, obwohl ich Jahre mit dem Studieren der menschlichen Psyche verbracht hab? Ich bin studierte Pädagogin, gelernte Medizin-Dozentin, geprüfte Körpertherapeutin, Trauma-Expertin mit Zertifikat und ich könnte die Liste hier noch mit vielen Siegeln, Fortbildungsnachweisen und gesammelten Qualifikationsnachweisen bunt machen, aber was solls. Auf jeden Fall denken andere von mir, ich selbst bin Profi und da dürfe es doch nicht passieren, dass ich in ein Burn-out gerate. Puste-Kuchen. Eben doch. Und das ist dann schon mutig oder?

Bei mir hat es über ein halbes Jahr gedauert, bis ich es mir erlauben konnte, auszusprechen, was sich seit Wochen in meinem Kopf formte. Es ist nur ein sehr kurzer Satz. Er hat ganze 3 Wörter und doch fühlt er sich so machtvoll an: „Ich steige aus!".

Varianten davon sind vielleicht: „Ich kann nicht mehr". „Ich weiß nicht weiter", „Ich zieh den Stecker". Ich konnte kein Bisschen einschätzen, was passiert, wenn ich mir diese Erkenntnis erlaube. Ausnahmsweise hatte ich mal keinen Plan, keine Ahnung und auch keine Lösung. Nur eine Gewissheit: Wenn

ICH jetzt nicht für mich entscheide, wird das Leben für mich entscheiden. Vielleicht bin ich unachtsam dabei, die Straße zu überqueren und übersehe ein Auto, vielleicht fahre ich selbst gedankenverloren auf der Landstraße und schätze die Biegung in einer Kurve falsch ein, vielleicht falle ich auch einfach nur vom Fahrrad und bin tot. Will ich es so weit kommen lassen? Oder noch schlimmer, brauche ich ein solches Ereignis, um von außen die Erlaubnis zu bekommen, dass ich eine Pause machen darf? Könnte ich mir vielleicht ein Bein brechen oder eine länger anhaltende Krankheit bekommen, damit ich einen Grund für das bessere Gefühl gegenüber allen Leuten habe? Nein, das ist doch verrückt! Genau, das ist verrückt. Ich bin es schon oder ich werde es demnächst. Das sollte Grund genug sein, selbstbestimmt den Moment zu erwischen, auszusteigen. Und das braucht Mut. Viel Mut. Ein bisschen mogeln habe ich mir auch erlaubt. Die ganze Wahrheit konnte ich nicht allen zumuten. Ich nannte es „Kur". Ich fuhr los und hinterließ den Hinweis, die Kurklinik legt fest, wie lange man bleiben muss. Ich weiß nicht, wann ich zurück sein werde. Kur klingt verträglicher. Irgendwie mehr nach Erholung. Psychosomatische Klinik klingt viel mehr nach: „Ich habe einen Schaden." Den habe ich zwar, aber will ich das gleich allen auf die Nase binden?

THERAPIEBEGINN, DIE ERSTE

Es gibt hier so Wochenpläne, in denen alle Therapieeinheiten eingetragen sind. Es gibt Bewegungstherapie, Walking, Gruppen-Gesprächskreis, Entspannungsverfahren, Einzeltherapie, Tanztherapie, Achtsamkeitsgruppe, Krisengesprächsangebote und wahrscheinlich habe ich manche Sachen noch vergessen. Es herrscht die Regel, jeder darf für sich nutzen, was ihm guttut und weglassen, was nicht dazu führt, die Lage besser zu machen. Menschen sind ja verschieden. Die einen brauchen viel, die anderen wenig. Manche werden unruhig, wenn keiner was mit ihnen macht, andere werden unruhig, wenn dauernd jemand was mit ihnen machen will. So ist das wohl mit unserer Spezies. Wundertüte Patient.

Bevor ich hierherkam, verging einige Zeit, in der ich drauf wartete, was alles passiert. Ich bin seit Ewigkeiten selbstständig. Das bedeutet „selbst" und das „ständig". Wir sind zwei Frauen und jeder von uns gehört die Hälfte vom Unternehmen und wir haben uns beide viele Jahre abgerackert und unser Bestes gegeben. Außerdem fühle ich einen ganzen Sack voll Verantwortung für meine Kollegen und Mitarbeiter, für Kunden und gegenüber Ämtern. Nicht selten drehte ich des Nachts die Fragen von links nach rechts in meinem Kopf: Wie viel soll wer genau von allen

Beteiligten davon erfahren, was mit mir los ist? In all der Verunsicherung suchte ich mir schon daheim eine Therapeutin, die anfangen konnte, mich zu begleiten. Weil ich so bin, wie ich bin, musste ich in der ersten Sitzung formulieren, dass ich die Therapie mache, um voranzukommen. Ich will nicht „einfach nur auf die Couch" und mein Gegenüber nickt und wiederholt salbungsvoll, was ich da gerade so von mir gegeben habe und fragt mich dann, wie es mir damit geht. Nein, so dachte ich mir das nicht. Ich hatte gehört und gelesen, dass solche Therapien Jahre dauern. Oh Gott, bei diesem Gedanken rollen sich meine Augen ganz schnell ganz weit nach hinten oben. Das ist nicht mein Weg. Ich hätte es gern ein bisschen schnell und möglichst effektiv. Ich habe leider nicht so viel Zeit zu verschenken für Sachen, die nichts bringen. Ich möchte, dass die Therapeutin sich Mühe gibt und vorbereitet oder wenigstens kompetent in die Stunde mit mir geht. Ich war stolz, dass ich mir das traute, zu formulieren. Sie schaute mich an, eine ganze Weile und antwortete mir, dass das Druck in ihr aufbaut. Sie arbeitet immer kompetent, weil sie ihren Beruf beherrscht. Doch es gibt auch für sie Tage, an denen sie mal müde ist oder mal weniger konzentriert. Meist ist sie natürlich fit, aber sie sei ein Mensch, der solche und solche Tage hat. Wir schweigen eine Weile.

Als sie weitersprach fasste sie zusammen, verstanden zu haben, dass ich gern ernst genommen werden möchte. Hmm. Ja, das möchte ich. Dann fragte sie mich, warum es mir so wichtig sei, dass sie mich ernst nimmt. Ich hörte eine lange Weile auf der Suche nach einer Antwort in mich hinein.

Ratter, … ratter, … ratter machte es in meinem Kopf. Ich hatte schon mal was davon gehört, dass immer das, was wir von anderen erwarten, irgendwie das ist, was wir uns selbst nicht zugestehen. Oder so ähnlich.

Bingo! Das war sie, die wichtige Frage.

Hatte ich mich selbst bisher denn ernst genommen? Leider nein. Wie oft habe ich es weggewischt, dass ich eigentlich keine Kraft mehr habe. Wie oft bin ich aufgesprungen, obwohl es nicht meine Aufgabe gewesen wäre. Wie oft hat mir mein innerer Antreiber suggeriert, dass ich nicht anders darf, als weiterzumachen. Wie oft habe ich es verdrängt, mir einzugestehen, dass ich keine Lust mehr auf all das habe.

Ein paar stille Tränen liefen über mein Gesicht und der Kloß in meinem Hals fühlte sich schrecklich dick und groß an. Ich schlich aus der Stunde mit dem Vorsatz, dass ich mich ab heute selbst ernst nehmen werde. Dass ich darauf achte, wie es mir wirklich geht. Dass ich mich mir selbst und anderen zumute in dem, wie ich mich fühle. Das war schon gleich eine ziemliche Herausforderung. Sowas geht nicht über Nacht.

THERAPIEBEGINN, DIE ZWEITE

Nun bin ich also hier angekommen in der Klinik für Psychosomatische Medizin und auf meinem AU-Schein steht die Diagnose 43.2. Das ist die Verschlüsselung für eine Störung mit Namen Anpassungsstörung. Ja, das stimmt. Ich bin gestört, mich weiterhin an den kompletten Wahnsinn anzupassen. Andere nennen es Burn-out. Je nachdem, was noch so mit im Rucksack steckt, gibt es Abstufungen. Es kann noch eine Störung der Affekte, also der Gefühle mit dabei sein, z.B. depressive Verstimmungen. Viele, die ich hier treffe, haben zusätzlich noch andere Sachen wie Bandscheibenprobleme, überhaupt alles mit Rücken, Verletzungen aus den letzten Monaten, auch Alkohol spielt eine große Rolle. Angststörungen wie Panikattacken oder Zwänge gehören hier genauso dazu, wie Tinnitus und Gedächtnisprobleme. Die habe ich auch. Es fühlt sich gelegentlich so an, als hätte in meinem Oberstübchen jemand unvermittelt den Lichtschalter ausgeknipst. Besonders dann, wenn ich nach Namen oder Orten in meinen Hirnwindungen krame. Ansonsten sehen hier alle aus wie normale Menschen. Sie kommen morgens geduscht und angezogen zum Frühstück. Beim Essen wird gelacht, es gibt Verabredungen zum Home-Kino im Gruppenwohnraum und

wir gehen auch einfach raus und holen uns beim Laden um die Ecke ein Eis und Cola. Sowas gibt's hier
drinnen nämlich nicht. Vorher müssen wir uns in die
Liste eintragen, wo wir wann und mit wem hingegan-
gen sind. Das soll dazu dienen, dass hier unter den
Therapeuten nicht die Panik ausbricht, wenn das
Team der Meinung ist, uns geht es gerade ziemlich
schlecht und keiner weiß, was wir treiben. Und der
See ist nah und das Licht im eigenen Tunnel gelegentlich sehr dunkel. Also auch die Profis haben manchmal Angst. Ziemlich reichlich sogar.

In der Zeit, bevor ich hierherkam, gab es für mich
zum Glück ein paar Freunde, mit denen ich leichter
besprechen konnte, wie es wirklich um mich steht.
Da es immer noch viel Mut für mich brauchte, darüber zu sprechen, waren diese Abende echt anstrengend. Es fühlte sich an, als könnte ich die Tür zur Hölle
sehen. Aufgelöst in meiner eigenen Schminke waber-
ten die Streifen des Eyeliners bis unters Kinn und jedes Mal verbrauchte ich so viele Taschentücher, dass
der Papierkorb überquoll. Was hatte ich für ein
Glück, Menschen zu haben, die sich all Das anhören
wollten und mir dabei auch noch den Rücken ge-
krault haben oder wenigstens meine Hand hielten.
Erstaunlicherweise konnte ich es meinen Freunden
auch zum Ausdruck bringen, dass es schöner wäre,
wenn sie meine Hand halten würden und keiner hat

abgelehnt. Nicht für 100 Euro lässt sich sowas kaufen. Das ist eine echte Herzensangelegenheit.

Nun bin ich ja eine Frau. Ob das ein Glück darstellt, bleibt mal eine andere Frage. Aber ich glaube, Frauen haben es in dieser Beziehung noch ein bisschen leichter als Männer. Für das „starke Geschlecht" ist gesellschaftspolitisch das ganze Thema Schwäche zulassen oft noch sehr viel mehr mit Scham besetzt. Manchmal wollte ich ja lieber ein Mann sein, weil die es oft leichter haben im Job. Aber an der Stelle will ich grad mal überhaupt nicht tauschen.

Weil ich meine Geschichte nun doch schon ein paar Mal erzählt hatte und wusste, wie lange das dauert und wie es mir dabei geht, entschied ich mich, es lieber aufzuschreiben. Vielleicht ein wenig ungewöhnlich, aber ich bin eben so. Ich kann besser schreiben als reden. So setzte ich mich am Vorabend meiner ersten Einzeltherapiestunde an den Rechner und fasste zusammen, was passiert war. Es ist nicht so einfach, den Anfang zu finden, also begann ich dort, wo auch der letzte Kalender begonnen hatte. Am 2. Januar, dem ersten Arbeitstag des Jahres in einer Gegend, wo die Heiligen Drei Könige keine Feiertags-Tradition haben, flatterte mir die Kündigung einer Mitarbeiterin in meinem Team auf den Tisch. Wir hatten viel und oft mit ihr besprochen, dass sie erst in 18 Monaten in den Ruhestand gehen will. Über

Weihnachten hatte sie es sich doch anders überlegt und es verblieben genau 6 Wochen, um die Stelle neu zu besetzen und eine Einarbeitung zu organisieren. Ich erspare meinen geschätzten Lesern die Details und belasse es dabei, dass es Monat für Monat von einem zum nächsten Nackenschlag voran ging. Da musste im Frühjahr die Einführung der Datenschutzgrundverordnung umgesetzt werden und im Juli fand eine teure Gerichtsverhandlung statt mit einem vorsitzenden Richter, der leider zu faul war, die Akte auch nur annähernd zu lesen. Parallel rückte das Ende des Mietvertrages heran, meine Kollegin erwartete einen habgierigen Vermieter und betrieb angstgetrieben Objektsuche nach Alternativmöglichkeiten für unser Unternehmen. Vor nicht allzu langer Zeit war unsere Jüngste an Leukämie erkrankt und irgendwie traf ich in letzter Zeit überall auf vermeintlich unfähige Menschen an zu vielen Stellen. Bei Jedem und Allem hatte ich das Gefühl, hinterherlaufen zu müssen, nichts funktioniert „von allein" und am Ende des Sommers traf uns auch noch der Super-Gau in der Firmen-Systemsoftware in Form eines Datenverschlüsselungstrojaners. IT- Stillstand. Amputation der Kommunikationskanäle, Bankgeschäfte, Stundenpläne. Polizei. Blaulicht. Kompletter Datenverlust? ja oder nein? Albtraum oder Realität? Herzstillstand oder nur Schockzustand? Ich kann nicht mehr.

Und bei allem hörte ich ständig diese innere Stimme, dass es ja weitergehen muss. Irgendwie.

Dass ich für all das gemeinsam mit meiner Geschäftspartnerin Lösungen finden muss und wir verantwortlich sind. Und by the way: gibt es ja auch noch das ganz normale Alltagsgeschäft, was laufen muss. Das bedeutet Unterricht halten, Kurse planen, Dozenten verpflichten, die Putzkräfte beschaffen und langfristig nötige Projekte entwickeln, damit es auch im kommenden Jahr einen Kursplan geben kann. Eine Familie habe ich auch und mein Mann geht auch gern mit gebügelten Hemden ins Büro. Meine Perle, die mir dabei lange geholfen hat, starb vor kurzem leider an einem Hirntumor. An den Besuchen bei meiner Mutter spare ich ungern Zeit. In diesem Frühjahr war es besonders wichtig, bei ihr zu sein, sie hatte einen gutartigen Tumor am Rückenmark und der musste operiert werden. Ein paar Wochen intensive Betreuung waren nötig. Und bei uns im Haus gilt dann auch noch die Regel, am Sonntag keine Wäsche aufzuhängen. Meistens ist an dem Tag gerade schönes Wetter und es geht eine herrliche Brise. Ich konnte das alles nicht nochmal meiner Therapeutin erzählen. Ich schrieb es auf. Sie brauchte ca. 20 Minuten zum Lesen und es war alles gesagt. Praktisch. Tempotaschentucherparnis von mindestens einer Packung. Also auch noch preiswerter.

DIE PROFIS

Therapeut sein ist auch nicht leicht. Zu jeder vollen Stunde sitzt da eine andere Nase vor denen und heult oder verkrampft sich, um es zu vermeiden oder druckst rum, weil es schwer ist, auf den Punkt zu kommen. Wir sitzen da vor ihnen, erzählen oder geben ihnen was zu lesen und dann sollen sie uns mal sagen, was jetzt zu tun ist. Sie kennen uns doch aber gar nicht. Sie wissen nicht, wie es tief in unserem Inneren aussieht. Wir werden sehr wahrscheinlich auch einen Teufel tun, gleich mal alles auf den Tisch zu blättern. Wer weiß, was sie damit machen? Da gibt es schon so ein paar Themen, die nicht so einfach anzusprechen sind. So eine Stunde ist außerdem auch verdammt kurz.

Die Profis haben zwar etwas studiert, aber in all den Büchern stand nichts über meine Geschichte. Da stehen nur die Auffassungen von Leuten, die ihre Erfahrungen gemacht haben. Psychotherapie hat wenig, was mit einer Variante vom Blutdruckmessgerät erfasst werden kann. Manche sehen es mit der Seele so und andere sehen es wieder ganz anders. Die einen wollen uns einfach mit den schwierigen Situationen konfrontieren, bis wir dahinterkommen, dass es zu überleben geht und wir müssten es nur ausreichend oft üben. Die anderen wollen uns auf die

Couch legen, dann sollen wir mal frei von der Leber weg reden und ab und zu würden sie zustimmen und „aha, so ist das bei ihnen" murmeln. Und dann gibt es noch diejenigen, die für alles eine Erklärung darin finden, wie es uns damals ergangen ist, als wir noch so klein waren. Jede dieser Auffassungen hat sicher ihre Erfolge. Und nicht alles passt zu jedem, dem es so ähnlich geht, wie mir. Von all den Auffassungen erscheint die letzte für mich am nächsten dran an meiner Lage.

.

FAMILIENANAMNESE

Das Leben beginnt schon am ersten Tag damit, dass wir anfangen zu lernen. Ganz zu Beginn sind es atmen und nuckeln und später kommen Bewegungen und die Verarbeitung von Sinneseindrücken dazu. In diesem Stadium sind wir verdammt abhängig. Und wir brauchen dabei immer ein Gegenüber. Wir suchen den Kontakt und die Augen unserer Eltern. Wir wollen gesehen werden. Manchmal zweifle ich ein bisschen an der Evolution, die sich das so ausgedacht hat. Jedes Kälbchen und jedes Fohlen kann nach wenigen Stunden allein auf der Wiese stehen und laufen und es dauert nur kurze Zeit, bis sie ohne fremde Hilfe Gras fressen. Wir Menschen brauchen dafür 3 mal 7 Jahre, bis wir einigermaßen „allein stehen" können. Und die ganze Zeit erzählt uns jemand, was gut für uns sei und was nicht. Und wenn die Großen gerade mit sich selbst beschäftigt sind oder keine Lust haben oder nicht da sind, dann sind wir mächtig geliefert. Mehr oder weniger. Das ist doch irgendwie Kacke. Schätze sich glücklich, wer einigermaßen ohne größeren Schaden durch diese Zeit kommt. Die Evolution hat für uns zwei Eltern vorgesehen und vier Großeltern. Im besten Fall noch 8 Urgroßeltern. Aber die sind nicht mehr so stark, deshalb lieber ein paar mehr. Das macht 6-14 Leute, die rein biologisch ein ziemlich großes Interesse daran haben müssten, uns gut durch diese Zeit zu bringen. Bei Tieren nennt man es Sippe, bei Menschen Familie. Jeder, der da fehlt, macht es für die anderen anstrengender. Und eins ist klar: Kinder sind anstrengend. Sie haben mehr Bedürfnisse, als Eltern zu zweit befriedigen können. Mütter bringen ihren Sprösslingen andere Sachen bei als Väter. Großeltern können mit mehr Gelassenheit herangehen. Sie dürfen auch mehr schenken. Oft haben sie auch viel mehr Zeit. Wenn sie nicht mehr können, dann geben sie ihre Enkel einfach wieder zurück und ruhen sich aus. So hatte es die Evolution sich gedacht. Die Realität unserer Zeit sieht oft ganz anders aus. Viele Kinder haben nur eine Bezugsperson und nicht so selten dann auch noch Geschwister, mit der sie sich diese teilen müssen. Dass dabei manchmal was auf der Strecke bleibt, ist eigentlich logisch.

In einer meiner ersten Stunden bei der großen „Chefvisite" hörte ich hier was von den „hinreichend guten Eltern". Aha. Hinreichend gut bedeutet, dass sie für Nahrung sorgen, für Tagesabläufe, für Sicherheit und Schutz und wenn noch etwas Zuwendung und Aufmerksamkeit dabei ist, dann ist es ziemlich hinreichend.

Was aber, wenn das Schicksal uns keine hinreichend guten Eltern zur Verfügung stellt? Dann lernen wir auch jede Menge. Am meisten lernen wir

Verzicht. Wir lernen mit Verlusten klar kommen zu müssen. Es steht leider auch nirgendwo geschrieben, dass das Leben gerecht wäre. Immer, wenn mir das ein Stück mehr bewusst wird, dann kommt mir eine Liedzeile von der Kölner A-Cappella-Band „Wise Guys" in den Sinn. „Du kannst nicht alles haben, deng-deng. Manches kann dir dieses Leben eben einfach nicht geben".

So kommt es, dass Kinder eben manchmal nur eine Person haben, die für sie sorgt. Die kann das nur schaffen, wenn es Abstriche gibt. Großeltern werden manchmal unfreiwillig zum Elternersatz. Kinder geraten zwischen die Fronten in Rosenkriegen. Per se sind Trennungen von Eltern für Kinder nicht unbedingt schädlich. Aber viele Trennungen ziehen nach sich, dass die Kinder von einer oder beiden Seiten der Eltern instrumentalisiert werden. Sie sollen Partei ergreifen für Mama oder Papa. Sie sollen sich auf eine Seite schlagen, damit die Großen Verstärkung bekommen. Sie sollen mit auf den anderen schimpfen, der für alles verantwortlich gemacht wird. So etwas können Kinder nicht. Egal, wie daneben sich vielleicht tatsächlich ein Elternteil benimmt, Kinder lieben es trotzdem. Sie bekommen die toxische Wirkung der Trennung ab, wenn sie gegen ihre biologischen Gefühle leben sollen und zum Gefallen der Großen sich in deren Krieg positionieren müssen.

Manche Kinder müssen der Mutter den fehlenden Partner ersetzen. Andere sollen ihre kleinen Geschwister aufziehen. Auch der Rollentausch innerhalb von Familien ist ein großes Thema. Weil Papa oder Mama einfach nix auf die Reihe kriegen, sorgt das Kind für die Eltern. Das macht es gern, weil es die Eltern liebt, egal, wie stark oder schwach die sind. Biologisch verankerte Bindung und Zugehörigkeit nennen das die Profis hier. Es gibt so viel, was wir lernen in diesen ersten 21 Jahren. Klar, es macht uns auch stark. Es motiviert uns Strategien zu entwickeln, wie wir am besten durchkommen.

Leistung zeigen ist schon mal eine ziemlich tolle Strategie. Dann freuen sich alle, weil die Kleinen das so prima alles meistern und das schafft vielleicht Freiheit und etwas Unabhängigkeit. Und weil es meist nicht bemerkt wird, wie gut wir schon sind, machen wir es noch besser und wollen es allen beweisen, was für ein toller Hecht oder eine toughe Biene wir doch sind. Keine Karriereleiter erscheint zu steil.

Rebell sein ist auch eine gute Strategie. Da kann so richtig rumgemotzt und allen ins Gesicht geschrien werden, wie unfähig sie sind.

Opfer sein ist eine weitere machtvolle Art, durchs Leben zu kommen. Das ruft Retter auf den Plan. Jemanden, der sich gut manipulieren lässt und immer springt, wenn irgendein Furz quer liegt. Dann heißt es immer: „Mit dem will keiner spielen." Der arme Kleine. Opfer ziehen neben den Rettern auch wie verrückt Täter an. Schwupps ist Mobbing im Gange. In jeder Gruppe gibt es so einen.

Wenn ich es demnächst anders machen will, ist es schlüssig, dass ich mir mal genau anschaue, mit welcher Strategie ich bisher unterwegs war. Was habe ich in meinen ersten 21 Jahren gelernt? Inzwischen ahne ich, dass das nicht nur schön wird, dahin zu schauen. Eine Fahrkarte in die erste Etage der Hölle bitte.

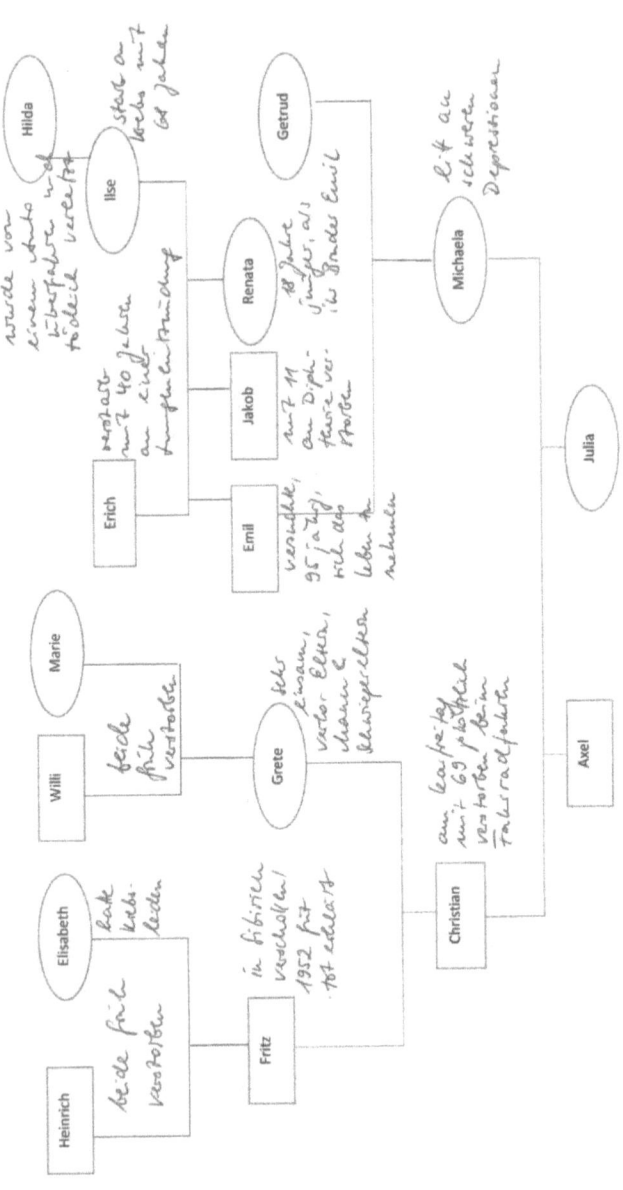

DAS GENOGRAMM

Ich lernte meine zuständige Klinik-Therapeutin schon bei den Mahlzeiten kennen. Sie heißt Theresa. Ein forscher Gang, zarte Statur, Kleidung aus wehenden Hüllen mit exotischen Formen und Farben machen ihre Erscheinung aus. Die anderen Patienten murmeln, sie sei gut. Schön, dass ich auch mal zu denen gehöre, die den coolen Klassenlehrer bekommen. Psychotherapie hat einfach auch viel mit Vertrauen zu tun. Wenn die Chemie nicht stimmt, ist nicht viel rauszuholen. Zu Hause erzählst du das, was dich wirklich bewegt, schließlich auch nicht jedem in der Familie und gleich gar nicht jedem deiner Nachbarn, nur weil er da wohnt. Da müssen schon so ein paar Kriterien erfüllt sein.

Für meinen Fall waren sie erfüllt. Also kanns endlich losgehen. Wir beginnen mit meinem Genogramm. So heißt das, wenn ich gemeinsam mit Theresa meine Familiengeschichte aufzeichne. So ähnlich wie ein Stammbaum. Ich bin das zweite Kind meiner Eltern, mein älterer Bruder heißt Axel und meine Mutter Michaela und mein Vater Christian. Er ist schon vor vielen Jahren gestorben, leider sehr plötzlich. Er gehört zu denen, die einfach vom Fahrrad fallen und tot sind. Und das auch noch zu Ostern am Karfreitag. Ich gab mir wenig Zeit zu trauern. Ich ging schnell wieder arbeiten, wie immer. Meine Mutter lebt und ich nenne sie Mika. Das kommt von meinen Kindern. Es war Babysprache und hat sich gehalten.

Mein Vater hatte als Kind nur seine Mutter und seinen jüngeren Bruder Klaus. Sein Vater Fritz ging im Winter 1943 irgendwo an der Bahnstrecke von Stalingrad nach Sibirien verloren. 7 Jahre nach Kriegsende erklärte meine Oma ihn für tot. Ich weiß aber, dass sie die Hoffnung nie aufgegeben hat, dass er doch eines Tages wieder nach Hause zurückkehrt. Sie saß ihr ganzes Leben am Fenster ihrer kleinen Wohnung und hielt Ausschau nach ihm. Den Blick verklärt in die Ferne gerichtet. Darüber fehlte ihr wohl die Kraft, mit ihren beiden Jungs viel zu spielen oder sie fröhlich ins Leben zu schicken. Ihr war schnell alles zu viel und lachend kann ich mich kaum an sie erinnern. In der dunklen kleinen Wohnung unterm Dach herrschte meist bedrückende Stimmung. Es war wichtig, nicht so laut zu sein, sondern lieber schön brav. Sie war gebildet und stammte aus einer Arztfamilie.

Leider verlor sie nicht nur ihren Mann, sondern auch ihre Eltern starben früh. Auch ihre Schwiegereltern wurden nur wenig älter als 60 Jahre. Bei Kriegsende fielen sie höchstwahrscheinlich einem Krebsleiden und dem Bombenangriff auf unsere Stadt zum Opfer, die voller Flüchtlinge war. Ihre Brüder waren weit weg oder mit der Arztkarriere beschäftigt und auch die Schwägerin verlor das Leben zwischen den Trümmern der schrecklichen Bombennacht. So war sie tatsächlich völlig allein mit den beiden Jungs im Alter von 2 und 4 Jahren in der schweren Zeit nach dem Krieg. Bei genauem Hinsehen eine reife Leistung, dass sie es geschafft hat, sie groß zu ziehen. Sie hat so viel Verlust erlitten.

Ich habe Hochzeitsfotos von ihr und kann sehen, wie glücklich sie war. Ein verliebtes junges Paar. Mein Opa Fritz muss ein sehr liebevoller Mann gewesen sein. Es gibt ein Bild, auf dem sie in einem Cabrio sitzen. Und das in den späten 30er Jahren. Er war Dr. der Mathematik und wirkt sehr schlau und gleichzeitig liebevoll auf mich. Von dem ausgesprochenen Mathetalent habe ich allerdings leider nichts geerbt.

Meinem Vater fehlte sein Vater, das denke ich zumindest. Und zwar sehr. Ob ihm das jemals bewusst war, das weiß ich nicht. Er sprach nie darüber. Seine Mutter konnte er nur schwer anerkennen. Er erlebte sie sein ganzes Leben als introvertierte, wahrscheinlich depressive Frau, die wenig Interesse an Dingen wie Technik und Sport hatte und damit auch wenig Gesprächsstoff mit ihren Söhnen. So hat sich wohl auch meines Vaters Einstellung gegenüber Frauen frühzeitig ausgeprägt. Es sind schwache Geschöpfe, denen man genau sagen muss, was sie tun sollen. Sie mögen sich gefälligst nicht so anstellen mit ihren Gefühlen. Schließlich ist das jetzt alles lange genug vorbei.

Mein Vater wünschte sich lieber Söhne. Beim ersten Kind hatte er Glück, mein Bruder kam zur Welt, als meine Eltern 22 und 26 waren. Eine gute Zeit fürs Kinderkriegen. Beim zweiten Mal hatte er Pech. Dann kam ich und ich frage mich, für wen das Pech größer war. Die Schöpfung hat mich als Mädchen gedacht, mein Vater hat jedoch die jungenhaften Anteile ordentlich aus mir herausgelockt. Mit einer Jungs-Frisur, mit der Anmeldung im Sportclub für Waldorientierungslauf, mit Felsklettern und langen Wanderungen wurden meine Kräfte gefördert und ich tat mein Bestes, so zu sein, dass er mich liebhaben konnte. Das war nicht einfach. Ich hatte auch weiblichere Interessen und Vorlieben, die fand er nicht immer passend und teilte mir das auch unmissverständlich mit. Ich lernte mit Abwertung und Ignoranz klarzukommen. Schwachsein war so ziemlich das Schlimmste, was ich mir hätte leisten dürfen. Indianer weinen nicht. Und geholfen wird ihnen auch nicht. „Du musst…, Denk mit…, denk nach…, kümmere dich… und vor allem, heul hier nicht rum." Das sind die an mich gerichteten Sätze und die Erinnerungen an seine Körpersprache aus der Zeit meiner Kindheit, die ich bis heute spüren kann.

Mit meiner Mutter ging er vielleicht so ähnlich um. Ich weiß es nicht so genau. Auf jeden Fall war es so, dass meine Mutter nicht glücklich war. Eines Tages brach sie sich ihr Bein. Ausgerechnet in dem Frühling, als wir planten, im Sommer für 3 Wochen eine lange Wanderung über das Thüringer Mittelgebirge und entlang des Rennsteiges zu machen. Ich war vielleicht 10. Mein Vater gab zu verstehen, dass dieser Urlaub nicht abgesagt wird und meine Mutter möge doch trainieren, damit es wieder lief. Sie mühte sich sehr. Da ihr Fußknöchel jedoch innerlich 3-mal gebrochen war und ihr Gips bis über den Oberschenkel ging und sich die Muskeln beizeiten verabschiedeten, wurde es ein Kampf zwischen den Gewalten. Die Seele meiner Mutter verlor und sie wurde schwer krank. Sie kam in die geschlossene psychiatrische Abteilung unserer Universitätsklinik und war für mich mehr oder weniger weg. Über das warum, weshalb, wieso wurde in meiner Familie nicht gesprochen. Über nötige Veränderungen auch nicht. Ging mich als Kind aber auch nichts an. Es war eine Sache für die Großen. Viele Monate war das so. Ich lernte in dieser Zeit Verantwortung für viele Dinge zu tragen. Für mich selbst, aber auch für Dinge, die eigentlich zu viel für mich waren. Da keiner da war, konnte ich das irgendwann nicht mehr unterscheiden. Was gehört in meine Verantwortung und was nicht? Ich kann mich noch sehr genau an den Moment erinnern, als mein Vater sich auf meine Bettkante setzte. An diesem Tag hatten wir meine Mutter ins Krankenhaus gebracht. Er nahm meine Hände und sprach sehr ernst zu mir. „Wir müssen jetzt ganz stark sein." Mir wurde klar: wenn Mutti fehlt, dann sind wir Kinder gefordert, uns mit aller Kraft einzubringen, damit es wieder gut wird.

Das saß.

Das bisher Gelernte war von heute auf morgen so nicht mehr tauglich. Ich VERlernte in dieser Zeit, wo meine Grenzen sind und wann ich Pausen gebraucht hätte. Ich übte mich in Verzicht und schluckte meine Tränen runter. Ich machte eine gute Miene, auch wenn es in mir ganz anders aussah. Ich erfüllte die Erwartungen und gab alles. Schließlich ging es um meine Mutter. Es ist unfassbar, was wir als Kind für Kräfte entwickeln können, wenn es ernst wird. Dass es ernst war, erzählte mir meine Mutter kurz bevor ich hier in diese Klinik fuhr. Sie war damals nahe dran, sich das Leben zu nehmen. Sie hatte bereits die Idee zur Umsetzung im Kopf. Sie dachte, dass sie es nicht mehr länger aushält und sah keinen Weg, wie sie aus dem Druck zwischen den Gewalten wieder herauskommt. Ich muss es gespürt haben, denn ich hatte große Angst um sie.

Ich kann nicht sagen, ob sie im Blick hatte, dass mein Bruder und ich dann Halbwaisen gewesen wären. Vielleicht hat sie auch genau das davon abgehalten? Ich kann mich heute an diese Zeit nicht mehr so genau erinnern. Ich weiß nur noch, dass ich viel bei meinen Freundinnen war. Ich habe mir leihweise andere Eltern gesucht. Bei denen konnte ich auch mit Eis essen, manchmal gab es Abendbrot. In unserem Haus lebten auch mehrere einzelne ältere Damen. Ich durfte dort spielen kommen, wenn keiner bei mir zu Hause war. Und in den Momenten, in denen meinem Bruder nicht gelang, die Erwartungen meines Vaters zu erfüllen und er an ihm seine Wut ausließ, fand ich dort Zuflucht.

Wie war das mit den hinreichend guten Eltern? Ich glaube, meine waren nicht immer hinreichend gut für mich. Ich habe Stärke entwickelt und bin daran gewachsen. In mir tief drinnen hatte das aber einen hohen Preis. Obwohl meine Eltern ihr Bestes gaben, reichte es manchmal für mich einfach nicht aus. So ist das eben mit dem Schicksal. Keiner kann da was dafür, keiner hat das so gewollt und doch ist es so gekommen. Die damit verbundenen Gefühle von Schmerz, Trauer und Angst bekamen keinen Raum und ich durfte sie nicht zeigen. Ich verschloss sie tief in mir. So tief, dass ich sie selbst nicht mehr fühlen konnte. Nicht nur, damit meine Mutter entlastet ist und mein Vater zufrieden. Nein, das war noch nicht alles. Ich zeigte sie auch meinen Freundinnen nicht, denn ich wollte so sein, wie sie. Fröhlich, ausgelassen, stark und witzig. So hatte ich wenigstens eine Ersatz-Sippe. Ich lernte mein Poker-Face zur Perfektion auszubauen und kenne den Satz von mir: „Ich weiß nicht, was ich fühlen soll. Lass mich nachdenken."

Auch in der Herkunftsfamilie meiner Mutter forschte ich für mein Genogramm. Schon vor einiger Zeit hatte ich mich plötzlich erinnert, dass es im Norden noch eine Großtante von mir gibt; die Schwester von meinem Opa Emil mütterlicherseits. In meinem ganzen bisherigen Leben habe ich sie noch nie wahrgenommen, weil niemand zu ihr den Kontakt pflegte. Eine Telefonnummer gab es jedoch und zum Glück war sie sesshaft, so dass ich sie finden konnte. Über meinen Anruf war sie positiv überrascht und lud mich ein, sie zu besuchen.

Von ihr erfuhr ich viele Daten, Geschichten und Fakten über diesen Familienzweig, denn mein eigener Opa erzählte rein gar nichts. Er wollte mir sogar weißmachen, er wüsste nicht mal, wann seine Mutter gestorben sei. Wo sie beerdigt ist, wisse er auch nicht. Ich erlebte meinen Opa sein ganzes Leben als sehr einsamen Mann. Er war Fernfahrer auf Europas Autobahnen, hatte keine Freunde und führte mit uns in aller Regel nur Gespräche über Belangloses. Ein eigenartiges Lachen war sein ständiger Begleiter, auch dann, wenn es aus meiner Sicht nichts zu lachen gab.

Er hatte eine Allergie gegen Sonnenlicht und seine Haut war von Vitiligo gezeichnet. Das ist die Pigmentstörung, mit der das Modell einer spanischen Modemarke berühmt wurde, weil sie so ähnlich aussieht wie eine Kuh mit Flecken im Gesicht und am ganzen Körper, nur viel hübscher und natürlich viel besser geformt. Eine meiner ganzheitlich belesenen Freundinnen erwähnte mal, dass diese Störung bei Menschen auftritt, die in innerer Isolation leben. Ein schwerwiegendes Ereignis in ihrem eigenen Leben oder dem der Vorfahren würde zu einem genetischen Defekt führen. Der Charakter eines solchen Schicksals hätte unter Umständen etwas mit Schuldgefühlen oder Täterverhalten zu tun. Ob dem so ist, werde ich wohl nie erfahren, aber mein Bauchgefühl kann dieser Erklärung zustimmen, weil es in all dem, was ich erlebt und erfahren habe über diesen Zweig meiner Familie ein passendes Puzzleteil wäre.

Meiner Großtante Renata bin ich sehr dankbar. Ich erfuhr, dass ihre und also auch die Mutter meines Opas, Ilse, am gleichen Tag wie sein Geburtstag war, verstorben sei. Sie wurde in ihrem Heimatort begraben. Es gab zwischen meinem Opa und der viel später geborenen Schwester noch einen jüngeren Bruder

Jakob nach meinem Opa. Er starb mit 11 Jahren an einer Halsentzündung, wahrscheinlich Diphtherie, nachdem er drei Tage hohes Fieber hatte. Wie tragisch. Hilda, die Großmutter der Jungs wurde in schon betagtem Alter von einem Auto erfasst, überfahren und tödlich verletzt. Das muss in einer Zeit passiert sein, als es noch kaum Autos gegeben hatte. Ihr Enkelsohn Jakob war dabei und hat es beobachtet. Kurze Zeit später bekam er die tödliche Infektion. Der Vater meines Opas, Erich, erlitt kurz darauf eine Lungenentzündung und wurde nur 40 Jahre alt. Das alles spielte sich kurz vor und in den ersten Kriegsjahren ab.

Nur wenige Monate zuvor wurde die jüngste Tochter, eben jene Großtante Renata geboren. Ihre Mutter hatte bereits ihren Mann, ein Kind und ihre Mutter auf tragische Weise verloren, nun aber einen neugeborenen Säugling ohne Vater. Ihr ältester Sohn, mein Opa Emil, war bereits in den Krieg eingezogen worden. Um durchzukommen heiratete sie einen Mann, der eine Frau brauchte, die ihm den Haushalt macht. Es scheint eine reine Zweckehe gewesen zu sein. Ihr wurde als Lebensraum eine kleine Kammer unterm Dach für sich und ihre kleine Tochter zugewiesen. Ihr Mann und dessen bissige Tochter lebten im Rest des Hauses. Bei genauem Hinsehen verlor mein Opa innerhalb weniger Jahre drei enge

Familienmitglieder, als er selbst fast noch fast ein Kind war. In den Kriegsjahren war er im besten Alter und alles, was er von dieser Zeit erzählte, waren seine Geschichten, wie er als Funker tätig war. Zu Kriegsende sei er desertiert und hat sich wild durchgeschlagen. Einer Verhaftung sei er durch günstige Umstände entkommen. Und dazu immer dieses merkwürdig hohle Lachen. Nach seinem Tod fanden wir einen alten Ausweis der Wehrmacht mit herausgerissen Seiten. Es wird ein Geheimnis bleiben, welchen Grund das hatte.

Ich bin froh, nun im Besitz von Bildern zu sein, die mir diesen Zweig der Familie zeigen. Ich habe Gesichter und Orte und eine Ahnung, wer sie waren. Meine Achtung gehört diesen Vorfahren und Familienmitgliedern, die dafür gesorgt haben, dass das Leben weitergehen konnte. Ohne sie würde es mich nicht geben.

DER ROTE FADEN IM SYSTEM

Meine Therapeutin interessierte sich für die Erinnerungen an meine Kinderzeit und die Geschichten meiner Vorfahren sehr. Mein Verbrauch an Tempos und Schnupftüchern war in diesen Stunden wieder hoch. Und ich fragte mich, wozu das alles gut sein soll. Ich hatte von meiner Familie schon viel verstanden. Aber was nützt mir all das Verstehen, wenn ich die Geschichte doch nicht ändern kann und ich mein Verhalten in wichtigen Momenten entgegen allem besseren Wissen doch nicht umgestalten kann. Im besten Fall bemerke ich die Falle, wenn ich wieder in meine Retter-Rolle hineinspringe, doch meist erfasse ich es erst hinterher und dann ärgere ich mich zuerst über die Situation und danach noch viel mehr über mich selbst.

Ich erfahre in unserer nächsten Stunde, dass sie auf der Suche nach dem roten Faden ist. Mein leicht verdutztes Gesicht fasst sie als Frage auf und erklärt mir, dass in ihren Büchern zu lesen steht, dass in jedem Familiensystem ein roter Faden zu finden sei. Ein Muster, was im Verborgenen wirkt und dass es zu durchschauen gilt, um aus der Falle zu kommen.

Ein paar Momente hält sie den A 4-Querformat-Zettel mit den Notizen zu meinem Familiensystem vor sich und stellt mir dann die Frage: „Welche Frau in deinem System hat ein glückliches und selbstbestimmtes Leben geführt?"

„Wow! Volltreffer" denke ich. Während auch ich auf diesen Zettel starre, fällt es mir wie Schuppen aus meinen Haaren, hebt sich ein Schleier und da liegt er vor mir, der rote Faden. Keine einzige Person und am wenigsten eine Frau von meinen Vorfahren hatte das Lebensglück, ein einigermaßen fröhliches und selbstbestimmtes Leben zu leben. Die Frauen waren gefangen im Schmerz um schwere Verluste oder unterwarfen sich aus Versorgungsgründen ihren Männern und mussten sich dafür selbst aufgegeben. Die Männer in meiner Familie litten ebenso unter den Folgen von Verlust, Krieg und Traumen, die sie überwiegend nicht einmal benennen konnten. Wie soll dabei auch herauskommen, dass diese Menschen Wärme im Herzen und Liebe fließen lassen könnten. Auch Sie mussten klar kommen mit den Schicksalen und genauso ihre tiefen Gefühle von Verlust und Schmerz in sich vergraben, um es überhaupt aushalten zu können.

Von einem Moment zum anderen wurde mir klar, dass ich selbst gerade dabei gewesen war, es ihnen nachzumachen. Ich ordnete mich zwar nicht meinem Mann unter (ich habe auch so lange auf den richtigen gewartet, dass dies nicht erforderlich wäre) und ich hatte auch keinen schweren Verlust von

Familienmitgliedern erlitten. Aber ich habe mein Leben so kreiert, dass ich mein eigener Sklave wurde und nur noch auf die modernen Schicksalsschläge unserer Zeit REagierte, jedoch nicht selbstbestimmt und ganz und gar nicht mehr glücklich war.

War ich es zu irgendeinem Zeitpunkt meines Lebens überhaupt schon mal? So richtig?

DER FINALE SCHLAF

Die Stunde dieses Erwachens fühlte sich mächtig gewaltig an. Ich fühlte mich wie in einem Trance-Zustand, als ich das Zimmer meiner Therapeutin verließ. Tapp, Tapp, Tapp…. Gut, dass ich das Laufen als Bewegungsablauf bereits früher in meinem Leben automatisiert hatte. So muss ich den Weg in meine Wohnung auf Zeit gefunden haben. Mir war frostig und so kuschelte ich mitten am Vormittag die Bettdecke um mich und schloss meine Augen. Es hat schon seinen Sinn, so eine Therapie in einer Klinik zu machen, denn ich kann mir nicht vorstellen, so Autofahren zu müssen, wenn ich jetzt ambulant irgendwo gewesen wäre oder noch schlimmer die Vorstellung, ich müsste jetzt Kinder abholen und dann mit ihnen noch den Einkauf fürs Abendbrot erledigen.

Während ich solche Gedanken vorbeiziehen ließ, erfasste mich eine tiefe Erschöpfung und darüber schlief ich ein. Das klingt vielleicht gar nicht so sonderbar. Für mich aber war es das. Solange ich denken kann, gibt es das nicht, dass ich tagsüber schlafen kann. Im besten Falle kann ich mich ausruhen, ein Buch lesen und die Füße mal hochlegen. Ich kann das Buch auch auf meine Knie sinken lassen und die Augen schließen, aber schlafen geht nicht. Das höchste, was passieren kann ist die Bewegungslosigkeit bei geschlossenen Augen. Der Kopf und die Ohren sind aber in aller Regel aktiv. Nicht selten kommt noch dazu, dass ich in einem solchen Zustand eine Wette darauf abschließen kann, dass es an der Tür klingelt, dass jemand anruft, der Wind die offene Tür zuknallt. Irgend so ein blödes Geräusch, was mich hochschrecken lässt. Gesunde Menschen würden dann auf diejenigen schimpfen oder einfach nicht reagieren. Nicht ich. Mein Puls jagt in die Höhe, ich hinterher und ein starkes Gefühl von „erwischt" macht sich breit. Als stünde jemand mit dem Rohrstock hinter mir, der aufpasst, dass ich ja keine Zeit verdödele. Völlig unsinnig, aber nicht rational beeinflussbar.

Nachdem ich nun den roten Faden meiner Familie erfasst habe, verstehe ich auch das besser. In meiner Familie ruht man sich nämlich nicht aus. Da wird weitergemacht. Ohne Pause und auch, wenn man schon müde ist. Entweder weil man tatsächlich muss oder weil einem jemand ganz klar zu verstehen gegeben hat, dass man muss. 8 von 10 Sätzen meines Vaters an mich begannen mit den Worten: „Du musst..."

Ich schlief fast 3 Stunden und verpasste das Mittagessen.

Und nun? „Was tun?", sprach das Huhn

Es gibt hier so eine Art Informationsveranstaltung. Der Chefarzt referiert über Themen, die von den Patienten eingebracht werden. Sie haben alle etwas mit dem Familiensystem zu tun. Es geht also nicht um Diabetes oder Bandscheibenvorfälle und auch die Ernährung wird in dieser Klinik ausnahmsweise mal nicht als Grabenkrieg der Anschauungen ausgefochten, indem jeder eine andere Weisheit als die beste verkauft und am Mittagsbuffet gibt es dann Schweinebraten mit Nudeln und dazu eine Schüssel labbrigen Gurkensalat in Tunke. Hier gibt es einfach sehr gesundes Essen mit und ohne Fleisch, mit und ohne Milch und Ruhe ist im Karton.

So ist es hier auch mit den Infos in dieser Veranstaltung. Es wird keine Religion daraus gemacht. Jeder darf sich mitnehmen, womit er was anfangen will. Auf manche wirken sie eher radikal bis spooky, andere langweilen sich, für mich sind sie häufig sehr aufschlussreich.

Wir Patienten dürfen Vorschläge machen, was uns interessiert. So geht es um Opferbereitschaft, um Tapferkeit, um Verantwortung oder Traditionen. Auch über archaische Verhaltensmuster und biologisch-genetische Prägungen hören wir viel.

An diesem Tag geht es um Verrat. Wir hören Geschichten aus der Bibel und aus dem Tierreich. Das zeigt, dass Verrat ein uraltes Phänomen ist und keine Erfindung der Neuzeit. Verrat geht nur, wenn Loyalität vorhanden ist. Das Wort Loyalität kommt aus dem französischen und heißt Gesetz. Manche Gesetze gelten, ohne dass jemals über sie gesprochen wurde. Besonders in Familien herrschen solche Gesetze. Wir wachsen in sie hinein und wir spüren sie. Wir saugen sie mit der Muttermilch auf und löffeln sie mit dem Babybrei weiter. Wann das aufhört ist unklar, wahrscheinlich nie. Wenn sie uns stark machen und frei sein lassen, ist alles in Ordnung. Manche davon sind aber auch nur auszuhalten, wenn sie in viel Alkohol ertränkt oder in hohem Bogen wieder ausgekotzt werden.

In meiner Sippe gehört zu den Regeln, zu verzichten. Auf Wohlstand, auf Genuss, auf Luxus, auf Liebe. Wie soll man auch nach `45 nahe der östlichen Grenze Deutschlands Wohlstand rechtfertigen? Wie soll das gehen, zu genießen, wenn der Mann in Sibirien verloren ging? Wie kann Luxus als etwas Gutes empfunden werden, wenn Entbehrungen zum Alltag gehören? Wo soll die Liebe fließen, wenn sie unter einen dicken Teppich aus Trauer, Wut und Ängsten gekehrt werden musste, um zu überleben?

Ein paar meiner mir sehr vertrauten Familienregeln lauten in der Art: „Nur wer was leistet, ist was wert." „Geht nicht, gibt's nicht" „Blut ist dicker als Wasser", „Spiel nicht mit den Schmuddelkindern."

So ist es mit der Loyalität in meinem System. Loyal bin ich, wenn ich es genauso halte und diese Tradition fortsetze. Geeignete Beweise für Folgsamkeit sind Berufswahl, Partnerwahl, Verdienste, Ämter, Besitz oder eben nicht Besitz. Es gibt zwar heute keinen Grund mehr für all diese Regeln, außer dem einen, dass es schon immer so war. Ich fürchte, es ist bisher nur keinem aufgefallen, dass es diesen roten Faden gibt. Er verknotet uns alle in unserer Familie auf unsichtbare Weise miteinander, bis wir kaum noch Luft kriegen.

Meine liebe Mama zum Beispiel schuftet bis heute täglich an einer Liste der Dinge, die zu erledigen sind. Selbst wenn sie 75-jährig eine schwere OP vor sich hat, ist eine der größten Sorgen, dass der Steuerberater ausgerechnet während ihrer Abwesenheit eine Unterschrift brauchen könnte und sie nicht da ist. Das würde ihm Unannehmlichkeiten machen und das ist schlimm.

Mein Bruder ist ans andere Ende des Landes gezogen, um zu entkommen, aber räumlicher Abstand hilft nur bedingt. Er lässt sich noch immer demütigen. Mein Onkel hats auf gleiche Weise mit weiter

Entfernung von daheim versucht und ist sogar durch den eisernen Vorhang geflohen. Er wollte alles hinter sich lassen und hat das neue Glück gesucht. Aber er und seine Töchter kämpfen bis heute mit seinem und ihrem eigenen Unglück. Meine beiden Omas, mein Vater, sein Cousin und sein Bruder sind alle an Herzversagen gestorben, alle waren gerade mal 70 und es ging urplötzlich. Irgendwie macht mich das sehr nachdenklich. Die Wissenschaft spricht in diesem Zusammenhang neuerdings vom „Broken Heart Syndrom". Dieser rote Faden ist dicker, als ich dachte.

Und jetzt komme ich und will das alles anders machen?

Das ist eine schwere Form von Verrat. Ich verrate die Traditionen meiner Sippe, ihre Identität und ihre Regeln. Und was wird mit Verrätern gemacht? Sie werden geköpft. Ziemlich heißes Eisen also. Ich setze mich dem Risiko aus, von der Sippe verstoßen zu werden. Wer die Sippe verrät, wird ausgeschlossen. Der gehört nicht mehr dazu. Der wird geopfert und den Wölfen zum Fraß überlassen.

Unser Chefarzt erklärt, dass die dazugehörigen Gefühle sehr alt sind und wahrscheinlich in unserem Stammhirn ihren Ursprung nehmen. Bio-logisch ist, dass unser Körpersystem einer Bio-Logik unterliegt, damit die Art erhalten werden kann. Er kommt dabei auf die Bonobo-Affen oder die Orang-Utahs zu sprechen, das habe ich mir leider nicht gemerkt. Vielleicht waren es auch die Schimpansen. Fakt ist, dass ein Sprössling, der die Regeln nicht lernt und akzeptiert, die ganze Sippe gefährdet. Er könnte Krankheiten einschleppen, die Führungsmacht untergraben oder die Rasse verwässern, wenn er sich nicht anständig paart. Und deshalb geht nur eines: Er wird ausgeschlossen und ist damit dem Tod geweiht.

Puhhh, ganz schön harter Tobak. Hölle 2. Etage. Hmmm.

„And now we have the salad", denke ich so bei mir. Dieser Spruch gefällt mir. Ich habe ihn irgendwann beim Mittagessen unter meinen Mitbewohnern hier gehört. Also entweder glücklich werden und Sippe verraten oder unglücklich bleiben und dazugehören. Ist fast wie bei den Europa- Bundes- oder Landtags-Wahlen. Gefällt mir alles nicht. Irgendwas ist immer drin, was meine Zustimmung leider nicht erhalten kann. Egal, wofür ich mich entscheiden würde, es gibt immer einen Stich, der sich nicht gut anfühlt.

Ich melde mich in unserer Info-Runde und frage mal nach, was daraus jetzt die Lösung werden kann, weil eine Erkenntnis ja eine Einbahnstraße ist. Wenn man sie einmal gewonnen hat, kann man leider nicht mehr zurück auf Los. Die Antwort vom Chefarzt ist überraschend. Recht unprätentiös formuliert er:

„Sei die miese kleine Ratte, die sich verpisst und das System verlässt". Das Gute ist ja, dass wir nicht mehr unter den Bedingungen der Bonobo-Affen leben. Erwachsen bin ich auch schon und ich kann mich auch selbst versorgen. Der „Worst-Case" ist also nicht mehr mit dem sicheren Tod verbunden. Viele aus meiner Sippe sind schon im Himmel und das fühlt sich so an, als wären sie glücklich, wieder beisammen zu sein und sie schauen freundlich auf mich. Mit den Übrigen erscheint es mir überschaubar, wie hoch das Risiko eines Rauswurfs ist. Das mit dem Dazugehören hat ohnehin schon länger nicht die Qualität eines besonders dicken Strickes.

Und der Chef hat noch einen Joker. Er meint, dass *mogeln* auch dazu dient, manche Dinge im Leben besser durchzubringen. So, wie wenn wir als Kinder gerufen haben „Ich wars nicht", wenn Mama den Verdächtigen suchte, der heimlich und unerlaubt das letzte Stück Schokolade aus dem Süßkram-Fach entwendet hatte. Wir reden nicht über Betrug, sondern über mogeln. Dazu gehört, dass manche Wahrheiten nur zur Hälfte erzählt werden, weil der Rest nicht für gute Beziehungen taugt.

Ich gehe aus der Runde mit der Gewissheit, dass ich gern die miese kleine Ratte bin und dort, wo es nötig ist, auch ein ganz klein wenig mogeln darf.

Die kleine Herde

Mit solchen Erkenntnissen konfrontiert zu werden, ist für einen allein ganz schön viel. Deshalb legt der Chef auch viel Wert darauf, zu erwähnen, dass die Therapiearbeit hier nur zu 40 % in den Händen der Therapeuten liegt. Die anderen 60% entstehen in der sogenannten therapeutischen Gemeinschaft unter den Patienten. Aha. Kein schlechtes Geschäftsmodell.

So ist es irgendwie auch logisch, dass sich hier Menschen finden, die ähnliche Themen haben und sich darüber austauschen. Nur wäre es gelogen, zu behaupten, das ginge in solchen Gruppen mit allen. Schließlich ist keiner hier, der nicht mindestens ein Problem hat. Mir ist es immer wichtig, die Zeit mit guten Gesprächen zu füllen oder auch gemeinsam Freude zu haben. Gerade wenn es ans „Eingemachte" geht, sind Vertrauen, Sicherheitsbedürfnis und Achtsamkeit ein hohes Gut.

Nachdem die erste Woche um ist und die zweite schon recht angekratzt, ist es mir ein paar Mal passiert, dass ich bei den Mahlzeiten mit sympathischen Mitpatienten Ideen zur Freizeitgestaltung besprach. Fahren wir mal in die Stadt und gehen bummeln? Wollen wir eine Radtour um den See machen? Irgendwie hängten sich dann andere mit rein, die ich meinerseits nicht gern einladen wollte. Die eine war mir zu laut, der andere zu traurig, beim nächsten sollte ich immerzu die Mitleidstüten ausschütten und den Nacken oder mehr kraulen (igitt) und wieder eine andere hörte leider furchtbar schlecht, obwohl sie ein sehr angenehmes Wesen hat. Natürlich gab es noch mehr freundliche Mitmenschen, aber die gingen meist schon sehr verbunden in Zweier und Dreier-Grüppchen davon und ich konnte spüren, dass ich dort auch nicht eingeladen war. Dazwischen waren da noch die beiden, mit denen ich am liebsten am Tisch saß. Nico und Jessy sind ungefähr zeitgleich mit mir angereist, fast gleich alt und setzten sich tatsächlich von selbst immer zu mir. Unsere Gespräche sind inspirierend und auch die gegenseitige Achtsamkeit hat ganz viel Behutsames. Es gibt eine gute Balance zwischen zuhören und sprechen, zwischen Tiefgründigem und Spaß und auch unsere Interessen haben große Schnittmengen. Wir arbeiten alle in verantwortungsvollen Jobs und meist viel zu viel. Nachdem wir nun schon gelernt hatten, dass mogeln durchaus erlaubt ist, besprachen wir einfach unsere Pläne nicht mehr am Tisch. Wir ließen uns auch nicht mehr festnageln zu Vorschlägen von anderen.

Ich hatte vor kurzem ein schlaues Buch gelesen, welches mir Strategien eröffnete, wie ich in meinem Leben gute Entscheidungen treffen könnte. Solche, die sich hinterher nicht als Flop erweisen und langfristig tragfähig sind. Darin war von der sakralen Bauchstimme die Rede und dass ich zu der Sorte Mensch gehöre, die immer erst Zeit braucht für Entscheidungen und diese besser auch nicht mit dem Kopf treffen soll, sondern eben mit dem Bauch. Das ist nicht bei allen Menschen möglich, aber bei mir wäre das so. Der Kopf würde immer Argumente für beide Möglichkeiten finden, zur Not auch welche für 8 weitere Möglichkeiten, aber er kenne nicht die Wahrheit. Das führt nur zu unnötigem Gedankenkarussell ohne Klarheit und Lösung. Über das richtige für mich könne nur mein Bauch eine Aussage treffen. Ich müsse nur mir selbst die Frage stellen, z.B. will ich ins Kino gehen? Und dann gut hinhören und lauschen, ob es ein „Ja" oder ein „Nein" aus dieser Region gäbe. Noch besser wäre, wenn mich jemand anders fragt.

Überhaupt soll ich besser nicht so initiativ sein und immerfort für alle und jeden einen Vorschlag parat haben, sondern ich soll besser warten, was auf mich zukommt und ob mich jemand fragt. Mit dieser Taktik gelingt es jeden Tag ein bisschen besser, sich nur zu dritt zusammenzufinden. Damit geht es uns hier einfach am besten. Und wenn einer von uns gerade nicht kann, ist es in jeder Kombi auch zu zweit super. Alle anderen mögen uns dies verzeihen. Es ist unsere Art zu üben, wie wir uns besser abgrenzen lernen. Das können wir alle drei bisher nur ziemlich schlecht. Am Sonntag erkunden wir die Gegend. Die Natur ist herrlich und die Sonne lacht. Wir wandern an einer Schafherde vorbei. Die Tierchen sind zutraulich und kommen nah an uns heran. Als wir weitergehen, folgen sie uns ganz ausdauernd. Vorne ein großes, dahinter zwei mittlere und das kleinste zuletzt. Wir drehen uns immer wieder um und da sind sie noch immer. Wir müssen lachen und machen Fotos von dieser kleinen Herde. Per WhatsApp schicken wir sie daheim an unsere Lieben mit dem Hinweis, wir hätten hier bereits Follower gefunden.

Seit diesem Tag ist klar, dass wir drei jetzt die kleine Herde sind. Das macht alles deutlich besser. Die Momente, in denen die Realität unserer Biografien und deren Folgen mit ihrer ganzen Wucht an uns zerrt, sind so viel leichter zu ertragen. Obwohl wir bis vor wenigen Tagen einander fremde Frauen und ein Mann waren, entsteht in dieser Zeit eine Vertrautheit und Achtsamkeit, die tragfähig ist. Das ist ein Geschenk. Wir trinken alkoholfreies Weizenbier und ein BMW (alkoholfreies Bier mit Wasser) und danken dem Universum, dass es uns zur Unterstützung in dieser Krisenzeit zusammengeführt hat. Alle kleinen Finger haken sich ineinander rechts und links in der kleinen Herde ein.

MIT DEM NAGEL AUF DEN KOPF

In der Besetzung der kleinen Herde durchstreifen wir die nahegelegene Stadt und lassen mal alles auf uns wirken. So eine Therapie strengt echt an und wir spüren, dass wir nicht jeden Tag die volle Dosis der heilsamen Pillen in Form von Gesprächen einnehmen können. Ab und zu ist eine Pause auch ganz schön. Dann helfen Kaffeetrinken, Witze erzählen, im Zimmer rumpuzzeln, Film gucken. Heute ist Stadtbummel angesagt.

Wir haben ein Faible für gute Postkarten entwickelt. Das Wochentaschengeld schmilzt dahin über der Ansammlung von Sprüchen, die den Nagel unserer Befindlichkeiten auf den Kopf treffen.

Zu denen, die uns am besten gefallen gehören diese:

„Tanz oder gar nicht"; „Bin gerade etwas neben der Spur. Ist schön da"; „Ich mach jetzt erstmal nichts. Und dann schaue ich mal"; „Burn-Out ist was für Anfänger. Ich hab bereits „Fuck off""; „Mir reichts. Ich geh schaukeln". Oder „Wenn eine Schraube locker ist, dann hat das Leben etwas mehr Spiel".

Einer, der uns immer wieder über die Zunge kommt, lautet: „Kannste so machen, ist dann halt

Kacke". Er macht es erträglicher, wenn wir uns austauschen über die Momente, in denen wir uns erzählen, welche unserer bisherigen Lebensstrategien nicht von Erfolg gekrönt wurde. Wenn wir versucht haben, unsere Väter oder Mütter zu erziehen. Diese aber trotz bester Absichten von uns, sich einfach nicht erziehen lassen. Seit wir hier sind, wissen wir, dass man das „übergriffig" nennt. „Anmaßend" im Sinne der systemisch betrachtenden Therapie.

Der Chefarzt hat auch eine Antwort auf die Frage in der Runde: „Was schulden Kinder ihren Eltern?" und „Was schulden Eltern ihren Kindern?"

„Eltern schulden ihren Kindern Fürsorge, Schutz und ein warmes, trocknes Heim. Hinreichend gut eben. Nicht mehr, aber auch nicht weniger."

„Kinder schulden ihren Eltern Achtung und dass sie sich aus deren Angelegenheiten raushalten. Falls Eltern ihre Kinder in ihre Angelegenheiten reinziehen wollen, ist es das Beste für die Kinder, wenn sie sie sich ohne Konfrontation auf einer breiten Schleimspur mit freundlichem Nicken aus dem Staub machen."

Wir Kinder haben die Erziehung unserer Eltern zugegeben auch nicht ganz freiwillig übernommen. Wir haben es früh gelernt, weil wir aufgrund der bio-logischen Zugehörigkeit zu unserem Familien-System als Kinder unbewusst in die Elternrolle für unsere eigenen Eltern geschlüpft sind. Ich habe zum Beispiel unbewusst häufig die Rolle meiner Oma eingenommen. Sie war so in ihrer Trauer über den Verlust ihres Mannes gefangen, dass sie durch ihre Depression nicht die volle Kraft hatte, meinem Vater ein Frauenbild vorzuleben, was seine Wertschätzung verdient hätte. Ganz praktisch ist es ihr nicht hinreichend gut gelungen, ihm Manieren beizubringen. Die Verachtung, die sich bei meinem Vater ihr gegenüber entwickelt hat, übertrug er unbewusst auf alle Frauen, die Schwäche zeigten. Wertschätzung brachte er nur den Frauen entgegen, die etwas geleistet hatten, die erfolgreich waren und für seine Wahrnehmung damit wertvoll. Wenn er sich dann in der Öffentlichkeit wie ein ungezogener Lausbub benommen hat, schämte ich mich dafür und meinte, ich müsste ihm das gute Benehmen nachträglich beibringen. „Kannste so machen, ist dann halt Kacke". Diese verzweifelten Versuche meinerseits trugen wahrlich nicht zu einem besseren Vater-Tochter-Verhältnis bei.

Es steht uns Kindern nicht zu, unsere Eltern zu erziehen. Sie sind für sich selbst verantwortlich und sie haben auch die Konsequenzen ihres Handelns zu tragen. Schlimmer noch. Indem wir meinen, wir müssten ihnen ihre eigene oder Teile dieser Verantwortung abnehmen, können sie selbst sie nicht wahrnehmen. Es scheint mit der Verantwortung ein wenig so zu sein, wie mit einem Zettelblock. Entweder liegt er bei mir auf dem Tisch oder bei dir auf dem Tisch. Der gleiche Zettelblock kann nicht gleichzeitig bei dir oder bei mir sein. Und wenn ich ihn hab, dann kannst du ihn nicht haben. Wenn ich also die Verantwortung für die Handlungen meines Vaters ungefragt auf meinen Tisch hole, indem ich mich bei den Leuten entschuldige, dann kann er sie nicht selbst auch haben.

Zu allem Unglück kommt hinzu, dass nicht wenige Eltern ihre Kinder behandeln, als wäre es die eigene Mutter oder der Vater. Sie fragen die Kinder immerzu, was sie machen sollen. Sie sind unsicher in ihren eigenen Entscheidungen und bitten die Kinder, es doch für sie zu managen. Es sind nur sehr feine Nuancen zwischen „um Hilfe bitten" und dabei die Verantwortung selbst zu behalten oder eben die Verantwortung den Kindern klammheimlich in die Schuhe zu schieben und dabei auch noch so zu tun, als wäre das in Ordnung. Da kann echt Chaos im System draus werden. Kinder werden zu Großeltern, Eltern werden zu Kindern, Söhne werden zu Ehemännern, Töchter werden zu Ehefrauen. Das schlimmste an dieser ganzen Kacke ist, dass es kaum einer durchschaut. Man selbst meist am allerwenigsten. Der Blick von außen fällt leichter auf andere. Bei sich selbst sind die Scheuklappen so dicht, dass es völlig in Ordnung ist, zusätzlich die Augen zu schließen. Nur so ist es auszuhalten. In manchen Familien eignen sich dann Feste wie Weihnachten oder Geburtstag und noch schlimmer Hochzeiten so richtig doll, um diese ganze Brühe zum Dampfen zu bringen. Die falschen Leute fühlen sich schuldig, die richtigen Leute verzichten auf die falschen Dinge, jemand schickt andere vor, um sich selbst unerkannt der Wahrheit zu entziehen, nicht jeder darf teilnehmen. Sehr schwierig ist es, allen den richtigen Sitzplatz zu geben. Keiner legt freiwillig die Zündschnur direkt neben das Feuerzeug. Manche sollen sich für etwas entschuldigen, was ein anderer verzapft hat. Streit wird von Menschen geschlichtet, die ihn nicht verursacht haben. „Kannste so machen, ist dann halt Kacke."

Ich habe mich entschieden, mir diese Zusammenhänge anzuschauen und für die Aufdeckung dieser Verschiebungen in der Herkunftsfamilie Hilfe zu holen. Inzwischen kann ich sagen, ich bin froh, dass ich diese vermeintliche Schwäche zulassen kann, dass ich es nicht allein hinkriege. Inzwischen ahn ich, dass das wohl eher ein Zeichen von Stärke und Mut ist, dass ich mir das traue.

Ich habe noch nicht so ganz verstanden, warum das so ist, aber augenscheinlich suchen wir uns in unseren Beziehungen unbewusst vorrangig Menschen, die uns genau auf diese Lebensthemen hinweisen. Ein Mann, der die Frauen verachtet, weil er von seinen weiblichen Vorfahren verachtet wurde, sucht sich eine Frau, die ihn verachtet.

Eine Frau, die von ihrem Vater verprügelt wurde, sucht sich einen Mann, der sie misshandelt. Die Bandbreite dieser facettenreichen unsichtbaren Strickmuster in Beziehungen ist so groß, wie die Menge der Muster auf unseren Klamotten. Manche Muster sind die reinsten Strickmuster. Darin kann man sich so richtig gut verstricken. Je nachdem, wer an welchen Enden des Fadens wie stark zieht, wird es manchmal eng mit der Luft. Am Ende ist alles nur noch ein Knoten. Manche Leute haben dann nur noch eine Idee, wie sie da rauskommen. Sie hängen ihren Kopf vor den Knoten. Suizid.

Auch ich befinde mich mitten in einem verknoteten Familiensystem und lebe die unbewussten Regeln der Loyalität. Als Schauplatz dafür habe ich mir meine Arbeit ausgesucht.

Ich habe mir eine Geschäftspartnerin für mein Unternehmen gesucht, die nach außen resolut und stark erscheint. Tief in ihrem Inneren jedoch wird sie von großen Ängsten gepeinigt und ich habe dafür eine feine Antenne. Ich strampele mich jahrelang ab, sie zu beruhigen und langsam erkenne ich, dass ich versucht habe, sie von ihrer existentiellen Angst vor Verarmung zu befreien, ohne dass ich das auch nur einen Tag lang bewusst wahrgenommen hätte. Die

Parallele dazu liegt bei meiner Mutter. Sie hatte in ihren schwersten Zeiten der psychotischen Depression einen Schuld- und Verarmungswahn und war suizidgefährdet. Ich selbst war zu diesem Zeitpunkt noch ein Kind. Meine Motivation, die Ängste meine Partnerin zu mildern, liegt viel stärker in der unbewussten Projektion, dass es ganz furchtbar wäre, wenn sie sich das Leben nimmt. Meine eigene tiefsitzende Angst vor Beziehungsverlust zu einer wichtigen Person habe ich in meinem erwachsenen Leben auf eine andere wichtige Person übertragen. Mich gehen ihre Ängste tatsächlich gar nichts an, aber da gibt es eine Projektion des Familienstrickmusters aus meiner eigenen Ursprungsfamilie, die mir zum Fallstrick wurde.

Ich habe mir damit eine Verantwortung auf meinen Tisch geholt, der ich niemals gerecht werden kann, weil es nicht die meine ist. Das Einzige, was darüber passiert, ist ein riesengroßer Energieverlust für mich. Ich renne einem Lebensziel hinterher, was gar nicht mein Eigenes ist. Gleichzeitig kann meine Partnerin mit dieser inneren Motivation die Folgen ihres Handelns nicht voll spüren, weil ich so handle, als wäre alles richtig und auch mein Ziel. Ich will ja scheinbar das Gleiche, wie sie: Die Verarmung verhindern. Unbewusst habe ich immer noch meine Mutter versucht zu retten, im Hier und Jetzt rette ich damit aber weder meine Mutter noch meine Partnerin. Die Einzige, die ich zu retten habe, bin ich selbst. Heute weiß ich: „Nicht mein Zirkus, nicht meine Affen."

Dazu muss man wohl erst reif für die Klinik sein, dass man hinter solche Tricki-Lebensweisheiten kommt.

DER BLICK NACH VORNE
ODER ZURÜCK ODER VORBEI

Ich bin hergekommen, weil ich mir 2 Sachen wünsche: Ich möchte mehr Klarheit gewinnen, wie es in Zukunft mit mir weitergeht und ich möchte herausfinden, was es mir schwer macht, zu tun, was ich für richtig halte. Irgendeine unsichtbare Kraft oder besser gesagt, eine nicht greifbare Schwäche stellt meine Weichen in manchen Situationen in Richtung Sackbahnhof. Dann hänge ich in einer Endstation fest, die nicht meinem Ziel entspricht. Die Fahrkarte, die ich gelöst hatte, sollte mich ins Leben bringen und nun bin ich mit quietschenden Bremsen, schnaubendem Generator und öltropfenden Gelenkwellen in einer dunklen Bahnhofshalle zum Stehen gekommen.

Wenn ich den Rückwärtsgang gefunden habe, muss ich rausfinden, wo die Stelle war, an der ich falsch abgebogen bin. Vielleicht könnte ich dorthin zurück, um dann besser auf den Weg zu achten. Diese Frage bewege ich in mancher schlaflosen Nacht. Irgendwo hier im Hause hängt ein Schild, auf dem steht: „Die Nächte, in denen wir nicht schlafen können, sind die Nächte, in denen wir aufwachen." Aha.

Als hätte das Universum meine Wünsche gehört (wer weiß, wer nachts in meinem Zimmer lauscht?) sollen wir in der nächsten Stunde der

Bewegungstherapie eine Übung machen, die mit unserem Ziel zu tun hat. Es ist sehr warm an diesem Tag und in unserem Saal unterm Dach staut sich die Hitze. Also kurzer flexibler Griff in die Trickkiste der Therapeutin: „Wir machen das draußen".

„Sucht euch in der Umgebung vom Haus ein Ziel. Beobachtet, wie ihr auf dieses Ziel zugehen könnt. Geht ihr langsam oder schnell? Ist das Ziel klar? Wählt ihr euch ein Ziel ganz in der Nähe oder etwas entfernt? Was passiert in eurem Körper, wenn ihr euch darauf zubewegt? Welche Gedanken kommen euch? Gibt es innere Stimmen in euch, die das Ganze kommentieren? Was sagen die?"

Wir haben dazu 30 Minuten und sollen dann wieder zurück in den Saal kommen.

Oha.

Kurz hinter unserem Haus verläuft ein kleiner Weg in den Wald. Bis hinter die Hecke kam ich noch recht zügig und dann blieb ich stehen. Die erste Schwierigkeit hatte ich damit, auszuwählen, was mein Ziel sein soll. Rechts herum? Links herum? Zu dem Haus, was da in 150 m Entfernung steht? Es vergehen schon einige Minuten, bis ich einfach nur das objektiv in der Umgebung definierte Ziel festlegen kann. Ich entscheide mich letztendlich für den kleinen Steg am See.

Nun will ich beobachten, was ich alles beobachten soll. Hmm. Einfach zum Steg laufen, wäre ja jetzt keine Kunst. Ich bin hier schon x-mal zum Spazieren lang gegangen und ich kann ja gut gehen. Aber nun versuche ich, diesem Ziel – sprich dem Steg- eine Bedeutung für mein Ziel zu geben. Was wird aus meiner beruflichen Perspektive? Ich stehe dort und kann nicht einen einzigen ersten Schritt gehen. Es geht einfach nicht. Das nehme ich wahr und in mir steigt eine Welle von Traurigkeit auf. Ich lasse es zu. Dann versuche ich es nochmal. In der Vorstellung, dass ich zu meinem bisherigen beruflichen Dasein gehen soll, schließe ich die Augen und spüre, dass ich da einfach nicht hingehen kann. „Da stimmt so vieles nicht mehr für mich. Die nach außen postulierte Philosophie wird im Inneren mit Füßen getreten" sind die Sätze, die in mir klingen.

Okay. Dann ist das so. Ich akzeptiere das im Moment, dass mit diesem Ziel die Übung jetzt nicht geht. Pragmatisch, wie ich gebaut bin, muss dann eben ein anderes Ziel her. Denke, denke, denke…

Hmm. Es gibt da noch etwas in mir, was mich schon sehr, sehr lange bewegt und was mir ordentlich die Luft zum Atmen genommen hat. Auch deshalb bin ich hergekommen. Ich möchte herausfinden, ob es einen Zusammenhang zu meiner

Kraftlosigkeit in manchen Situationen gibt und diesem Ereignis.

Also, Augen zu und mal sehen, ob ich diesen Wunsch als Ziel angehen kann. Ich steh also wieder da und versuche, den ersten Schritt zu machen. Regungslosigkeit. Fast schon Starre. Atmen nicht vergessen. Erneut fühle ich tiefen Schmerz in mir und ich rette mich daraus, indem mein Kopf mir hilft. Er weiß, dass es die 5%-Regel gibt. Immer dann, wenn ein Gefühl sich zu stark anfühlt, so dass es mich droht, in einer Welle mitzureißen, dann habe ich darauf Einfluss, indem ich mir sage, ich muss von allem nur 5 % fühlen. Das reicht. Das reicht, weil es schlimm genug ist und das reicht, weil darin trotzdem alle Info enthalten ist, die eine Spur gibt, um damit zu arbeiten.

Okay, geht also auch nicht. Am wichtigsten ist der Satz, der in mir entsteht: „Diesen Weg kann ich nicht allein gehen."

Inzwischen ist wohl die Hälfte der Zeit verstrichen. So ist das also im Moment mit meinen Zielen. Ist auch eine interessante Info für mich.

Immerhin, die andere Hälfte der Zeit habe ich ja noch. Alle guten Dinge sind manchmal drei. Nächstes Ziel? Denke, denke, denke… Vielleicht sollte ich mich nicht so unter Druck setzen, dass ich von hier aus strammen Schrittes auf mein Ziel zumarschiere. So habe ich es mein ganzes Leben gemacht. Ich sehe jetzt, wohin es geführt hat. Geradewegs hinein in eine Psycho-Klapse. Naja, das klingt jetzt nicht ganz wertschätzend, aber mal ehrlich, die anderen sagen es ständig. „Wir sind die von dahinten aus der Klapse." Edel-Klapse bitte schön. Denn wir haben es hier schon besonders elegant.

Ich stehe noch immer an der Hecke und bin keinen Schritt weiter. Die vorbeiradelnden Fahrradfahrer schauen mich etwas irritiert an, wie ich da so rumstehe. Ich versuche es mit einem dritten Ziel: „Ich nehme mir die Zeit, die es braucht, um für mich zu sorgen."

Augen zu. Spüren. Hineinhorchen in mich selbst. Da breitet sich innen ein vorsichtiges Lächeln aus. Ich mache einen Schritt. Dann einen zweiten. Sehr langsam komme ich vom Fleck. Es geht. Neben der Freude darüber, dass sich was bewegen lässt, spüre ich auch eine Einsamkeit. Ich wünschte mir, es wäre noch jemand in der Nähe. Dann müsste ich auch das hier nicht allein machen. Aber immerhin. Ich kann losgehen. Sehr langsam schlendere ich den Weg entlang. Ich betrachte die kräftigen Eichen um mich herum, höre das Gezwitscher der Vögel, sehe die Lichtkegel der Sonnenstrahlen, die das dichte Blätterdach durchbrechen. Im alten Laub vom letzten Winter raschelt es und ein kleines Mäuschen steckt seine Nase in die Höhe. Sie riecht bestimmt meinen

Schweiß, der aus all meinen Poren sickert. Ich muss hier sowieso ständig die T-Shirts wechseln.

Beim Betrachten der Eichen kommt sowas wie Neid in mir auf. Die stehen da einfach am Wegesrand, stark, hoch, mit hartem Holz, den Winden und Wettern aller Art trotzend. Sie müssen gar nichts. Sie können da einfach so stehen. Tagaus, Tagein. Nur so einfach sein, wie sie sind. Manchmal setzen sich die Amseln und Meisen in die Zweige und singen und tirilieren ihre Geschichten. Auch Tauben führen hier anregend gurrende Gespräche und die Spaziergänger erfreuen sich am Schatten und der Kühle, die sie ausstrahlen.

Da blitzt es in mir: Vielleicht ist das mein tiefster Wunsch? Ich will einfach nur so sein? Nichts müssen? Einfach so stehen, wie ich bin und mit dem, was ich zu bieten habe, kann vielleicht auch etwas entstehen? Vielleicht kann ich in meinem „so-sein" auch so eine Art Schatten spenden?

Ich bin stehen geblieben. Den Kopf in den Nacken gelegt verfängt sich mein Blick in der Krone einer Eiche. Dahinter kann ich die Sonne schimmern sehen, ein Stückchen vom Blau des Himmels. Einfach so sein, klingt es in mir noch lange nach.

Die halbe Stunde muss vergangen sein. Meinen Steg habe ich nicht erreicht, aber eine gute Erkenntnis gewonnen. Ich mache mich auf den Rückweg und oben im Saal lausche ich gedankenversunken den Erfahrungen der anderen. Als ich dran bin, schüttele ich mit dem Kopf und gebe heute mal weiter. Ich will gerade nichts sagen.

GIPFELBESTEIGUNG

Der See vor unserer Tür ist groß, aber nicht ganz groß. Es gibt einen schönen Weg einmal drum herum. In den Jahren meiner Ehe haben mein Mann und ich für uns das Wandern entdeckt. Ich bin nicht so besonders sportlich. Bewegung ist für mich etwas, was mich immer anstrengt. Ich kann mich viel besser mit irgendwas beschäftigen, als Sport zu treiben. Tischtennis geht noch oder schwimmen. Wenn andere Leute erzählen, dass sie laufen oder ins Fitness-Studio gehen, um Stress abzubauen, findet das in mir wenig Resonanz. Ich denke dann eher, dass mir das Stress macht, wenn ich mich einfach nur körperlich auspowern soll. So ist mein inneres Bedürfnis nach Bewegung im Grundsatz eher klein. Aber gemeinsam mit meinem Mann durch die Natur laufen, das ist was Großartiges. Gerne mit wenig Steigungen und wenn schon Höhenunterschiede, dann einfach langsamer.

Früher war es mir ziemlich vergrault mit dem Wandern. Mein Vater und seine berühmten Abkürzungen haben in mir eine Erinnerung hinterlassen, die meinen Widerstand bei dem Wort „Abkürzungen" noch immer blitzschnell auslöst. Am schlimmsten war eine Tour im Rila-Gebirge. Es gab eine Seilbahn auf zwei Drittel der Höhe eines Bergmassivs. Von dort hätte sich ein Höhenweg für eine Stunde bis an den Fuß des Gipfels geschlängelt und nach einer weiteren Stunde wäre die Hütte am See zu erreichen gewesen. Irgendwie sind wir in die falsche Seilbahn geraten und fuhren auf den Nachbarberg unseres Zielgipfels. Nachdem wir dies realisiert hatten, sind wir nicht etwa wieder runtergefahren, um im zweiten Anlauf die richtige Bahn zu nehmen. Nein. Ohne große Worte meines Vaters war mir klar, dass wir jetzt vom falschen Berg zuerst absteigen und dann von unten auf den richtigen Berg die ganze Strecke hochlaufen. Das machte eine Tour von ca. 7-8 Stunden Gehzeit. Ich hatte mit 2 gerechnet und war Teenager. So viel zur Ausgangssituation „Wandern".

Mein Mann hat es in liebevoller Kleinarbeit geschafft, mir beim Wandern eine neue Erfahrungswelt zu verschaffen. Angefangen hat es im schönen Tramuntana-Gebirge. Seit vielen Jahren fahren wir dorthin und jedes Jahr wurden unsere Touren größer und mein Bedürfnis danach auch. Im Gehen können wir uns wunderbar austauschen. Wir schmieden Pläne, erzählen uns Sachen, die im Alltagstrubel oft nicht ausreichend Raum haben. Wir können auch mal eine Weile nichts sagen und einfach nur gehen. Ich bin mir sicher, dass ich gemeinsam mit meinem Mann bis ans Ende der Welt gehen könnte. Er findet den Weg, er macht im richtigen Moment Pause, er zeigt mir, wo es schön ist. Ich liebe ihn. Auch dafür, dass wir so herrlich miteinander wandern gehen. Irgendwann kriegen wir es hin, dass wir das mal für länger machen. Einfach jeden Tag wieder eine neue Etappe. Wenn die Kinder noch mehr als jetzt ihren Weg gefunden haben, wenn so manche offene Frage eine Antwort gefunden hat, dann ziehen wir uns die Stiefel an und laufen los.

Was hat das nun mit meiner Zeit hier zu tun? Es ist mir klar geworden, dass diese Form der Bewegung für mich eine Ressource geworden ist. Frische Luft und die meditative Bewegung in der Eintönigkeit von Schritt für Schritt einen Fuß vor den anderen zu setzen und dabei die Pheromone der Natur inhalieren. In irgendeinem Artikel habe ich mal gelesen, dass Waldluft eine heilsame Wirkung hat. Die Bäume würden so eine Art „Raumspray" an die Luft abgeben und das würde sich gut auf unser Nervensystem auswirken. Ist mir egal, wie es heißt und wie es funktioniert, ich spüre nur, dass es guttut. Hier habe ich nun einen See vor der Tür, den man umrunden kann. Was mir fehlt, ist ein guter Mitläufer. Das Universum schickt ihn mir in Form von Nico. Schon gleich in den ersten Tagen lernten wir uns durch eine Seerunde etwas näher kennen. Ich erfuhr von Sachen, mit denen ich mich bisher wenig beschäftigt hatte, die mich aber sehr interessierten. Wir diskutierten politische Themen und stellten uns Fragen zur Gesellschaft im speziellen und allgemeinen. Daran erfuhren wir gegenseitig viel über unsere persönlichen Haltungen zu all diesen großen Themen und konnten uns gegenseitig unsere inneren Werte zeigen. Das schuf für mich eine Vertrauensbasis. Inzwischen sind wir längst die kleine Herde geworden.

Meist mehrmals pro Woche schnüren wir unsere Schuhe und machen uns auf den Weg zum Gipfel. Hier gibt es nur eine einzige Erhöhung in der Landschaft. Aber dort schmeckt das Bier nicht. So nennen wir flexibel einfach eine andere Lokalität „Gipfel". Die Strecke wurde uns zum vertrauten Gang. Unterwegs gibt es einen Spielplatz, auf dem so eine Holz-Konstruktion zum Balancieren steht. In den Wochen, die wir hier verbringen prüfen wir jedes Mal, wie gut es um unsere innere Balance steht. Nico ist viel besser als ich. Gestern gelang es mir das erste Mal, dass ich ohne Absturz bis rüber auf die andere Seite gekommen bin. Ich habe noch ein Weilchen Zeit, bis ich abreise. Reicht diese Zeit aus, um die Balance zu finden.

GEWITTER AM HORIZONT

Diesen Ort hier habe ich mir bewusst ausgesucht, weil es hier besondere Therapieformen und eine besonders hohe Therapiedichte geben soll. In den ersten 10 Tagen habe ich auch ein gutes Gefühl, dass ich die richtige Wahl getroffen habe und die Richtung stimmt. Aus vielen Stunden mit den Therapeuten kann ich für mich etwas mitnehmen.

Etwas Wehmut erfasst mich, als ich erfahre, dass Theresa 2 Wochen in Urlaub geht. Mit dem ganzen Psycho-Kram ist es leider nicht ganz so, wie bei Ohrenschmerzen und dem HNO-Arzt. Das muss schon passen und jeder, der bereits auf die Idee gekommen ist, dass der ganze Wahnsinn, der einem im Leben wiederholt vor die Füße fällt, irgendwie auch was mit sich selbst zu tun hat, der ahnt, dass so ein Therapeut nicht x-beliebig ist. Also für die Frauen unter uns, es ist eher so ähnlich wie mit dem Gynäkologen. Wie das bei Männern ist, weiß ich nicht. Vielleicht hat es eine Ähnlichkeit mit dem Urologen? So ein Psychotherapeut muss mir als Mensch und Patient das Gefühl vermitteln, dass er mich versteht. Ich brauche Sicherheit in Form von Vertrauen, dass er mit meiner Geschichte so umgeht, dass sie in guten Händen ist. Ganz unbewusst checken wir das alles ab und sind dabei in unserem Urteil auch gnadenlos. Der kleinste

Anlass, der zu Unsicherheit führt, kann das „Aus" für den Therapeuten sein. Auch Augenhöhe zwischen uns muss gegeben sein. Ich brauche weder einen, der mich behandelt, als wäre ich ein kleines Kind, noch tut es mir gut, wenn ich den Eindruck gewinne, dass ich diejenige bin, die weiterhelfen müsste. Leider alles schon erlebt. So ist es wie bei Error am Computer. Das Problem ist nicht die Technik, sondern in aller Regel derjenige, der davorsitzt.

Sie fährt also weg und lässt mich mit meinen Problemen hier allein zurück. Inzwischen habe ich auch verstanden, dass ich annahm, mit nur EINEM Problem gekommen zu sein, aber bei näherer Betrachtung sind es mittlerweile schon 5. Da war es schon wieder in meinem Kopf: „Kannste so machen, ist dann halt Kacke!". Ich weiß, dass sagt man eigentlich nicht. Aber genau das ist es ja. Immer sollen wir erwachsen reagieren. Möglichst schon dann, wenn wir erst 6 sind. Nie dürfen wir mal richtig sagen, wie wir das finden, was die anderen da für uns entscheiden. Und ich im speziellen finde das jetzt nicht richtig, dass das Universum das so eingetaktet hat. Theresa kann da gar nichts dafür. Sie hat einfach für die nächste Zeit Urlaub geplant. Kann sie auch nicht ändern, dass ich nun gerade kurz vorher hier ankomme. Auch Therapeuten sind Menschen und brauchen Pausen. Das kleine innere Kind in mir ist enttäuscht und findet es „Kacke". Die Große in mir kann klar erkennen, dass alles in Ordnung ist und dann mache ich eben mit dem Vertretungstherapeuten weiter. Ich werde das hier überleben. Ich hoffe nur sehr, dass es eine gute Übergabe gibt, denn ich hatte nicht vor, von vorn anzufangen.

Weil mein Vertrauen in das Konzept der Klinik doch recht gut ist, gehe ich von einer guten Fortsetzung des Prozesses aus. Ich bitte Theresa, mir für die Zeit ohne sie, eine Anregung oder „Hausaufgabe" zu geben, damit ich innerlich weitermachen kann, während sie sich hoffentlich gut erholt und gern auch prächtig amüsiert. (Okay, das ist jetzt wieder nicht erwachsen, sondern verdammt kindlich schmollend). Sie drückt mir einen Fachartikel in die Hand, der vom Chefarzt verfasst wurde. Er heißt: „Die brennende Stadt hinter sich lassen."

Neugierig lese ich ihn während meiner Fango-Packung. Die Hitze vom Moor unter meinem Rücken mischt sich mit der Hitze, die beim Lesen innerlich in mir entsteht. In dem großen Eingangsfragebogen, den ich zur Aufnahme hier ausfüllen musste, hatte ich schonungslos alle Wahrheiten über meine innere Welt und die Ereignisse in meiner Biografie offenbart. Wenn nicht hier, wo dann? Nun vermutete ich, Theresa hat das alles gut gelesen und gibt mir genau deshalb diesen Fachartikel. Es ist wie die Erlaubnis für mich, ein sehr tief in mir verstecktes Thema zu beleuchten. In dem Text vom Chef finde ich Impulse und Fragestellungen, aber auch Lösungsansätze, wie mit Traumen therapeutisch umgegangen werden kann. Welche Zusammenhänge bestehen, dass Traumen manchen Menschen eher passieren, als anderen. Ganz schön heiß heute hier in der Fangopackung. Edith, die gute Seele für die anschließende Massage verwöhnt alle meine Muskeln am Rücken, im Nacken und auch die ganz kleinen auf der Kopfhaut. Das tut gut und holt mich etwas zurück aus dem Artikel. Es ist Freitag und am Montag habe ich meine erste Stunde mit dem Vertretungstherapeuten. Theresa hat beteuert, er gehört zu den allerbesten hier. Na, mal sehen.

Als ich mit meinem Rad zurück ins Klinik-Gelände komme, steht der Hausmeister am Zaun. Ich mag ihn sehr. Er macht hier immer alles so schön im Garten, mäht unentwegt den Rasen und hat auch für unsere Wünsche immer ein offenes Ohr. Wenn ich gerade bei Theresa sitze und in Tränen zerfließe, dann bringt der Hausmeister mit seinem Knattern des Minitraktors auch irgendwie etwas ganz Irdisch-Reales in die Schwere der Therapiestunde. Heute macht er sich am Zaun zu schaffen. Da sind einige Lücken in den Zaunfeldern.

Na klar. Hier sind schließlich auch lauter Leute, die nicht alle Latten am Zaun haben. Vielleicht sollen wir auf diese Art einfach besser unseren Weg hierher zurückfinden, wenn wir das Gelände verlassen haben. Jutta, einer meiner Mitpatientinnen ist es jedenfalls sofort bei ihrer Ankunft aufgefallen und sie dachte, es sei Absicht. Quasi ein Sinnbild. Ich muss schmunzeln.

Auswechselspieler

Wochenbeginn. Ich stelle mich auf einen der allerbesten hier ein. Wie immer ist es für mich nicht so eine leichte Nummer, über die Dinge zu sprechen, bei denen ich mich verletzlich und verwundet fühle. Nach dem Artikel, den mir Theresa ohne großen Kommentar in die Hand gedrückt hatte, erwartete ich, dass der Auswechselspieler nun den Ball aufnimmt und wir uns stracks weiter in Richtung Tor übers Spielfeld bewegen. Aber wie kann ich ihm jetzt beibringen, dass ich nicht vorhabe, so zu tun, als würden wir uns schon genauso gut kennen und ich schenke ihm einfach so vorschussmäßig das gleiche Vertrauen, wie sich Theresa inzwischen erarbeitet hat. Nein, das wird nicht so locker zu machen sein. Jedoch bin ich dennoch auch brave Patientin und kann dem Therapeuten-Auswechselspieler auch nicht ins Gesicht sagen, dass ich ihn erstmal checken muss. Die Schlafmengen der letzten beiden Nächte waren wieder reduziert auf der Suche nach einer Idee. Ich will gern meine Grenze wahren, aber ich möchte auch nicht so dastehen, als wäre ich zickig und würde mich zieren. Irgendwann hat mir schließlich jemand beigebracht, das sei unanständig.

Mit Theresa hatte das mit dem Aufschreiben von meinen Befindlichkeiten schon mal gut geklappt.

Dann schreibe ich eben jetzt wieder auf, was ich zu sagen nicht im Stande bin. Ich öffne ein leeres Dokument und meine Finger beginnen, über die Tastatur zu fliegen.

KLIPPEN AM MEER INMITTEN DER BRANDUNG

Ich weiß, in der nächsten Einzeltherapie wird irgendwann die Frage kommen: „Was liegt denn an? Wie ist es denn heute? Woran willst Du arbeiten?"

Ja, wie ist es denn heute? Es fällt mir schwer, die passenden Worte zu finden und ich kann auch darüber nicht so leicht sprechen. Ich möchte jedoch trotzdem die Gelegenheiten nicht ungenutzt lassen und die Menge Mut, die ich habe, dafür nutzen, es anders zu versuchen, mich auszudrücken:

In mir ist ein Bild. Ich stehe am Ufer eines Ozeans. Ich schaue immer wieder da hinaus, in die Weite des Wassers, aber vor allem schaue ich zu den Klippen. Sie trennen mich von dem Ort, der hinter den Klippen liegt. Dort ist die Stadt, in der ich eine Arbeit habe, eine schöne Wohnung und auch meine Familie lebt dort. Es gibt grüne Gärten, angelegte Wege und schöne Plätze.

Die Brandung schlägt vor den Klippen hohe Wellen und Strömungen umspülen die Felsen.

Es gibt hier vom Ufer aus auch einen Pfad, der im Landesinneren zur Stadt führt. Den habe ich gefunden und bin ihn schon oft gegangen. Es gibt dort Grenzposten, die kontrollieren, ob man alles bei sich hat, um auf die andere Seite der Klippen zu kommen.

Mit Tapferkeit, Engagement und hohem Aufwand habe ich mir ein schönes Gewand angefertigt, das die Grenzposten blendet und so lassen sie mich die Grenze ungehindert passieren. Mit dem Gewand ist es gelungen, die Regeln der Stadt zu befolgen und in ihr einen eigenen Garten anzulegen. Dort sitze ich manchmal. Wenn ich aber zu lange sitze, dann verrutscht das Gewand und es droht, freizugeben, was ich unter diesem Gewand mühevoll versteckt halte. Es sind die Spuren einer alten Wunde. Dass es diese Wunde gibt, erscheint mir gefährlich, so bleibe ich lieber in Bewegung, damit es keiner merkt. In der Stadt bei allen Erledigungen trage ich das Gewand auch. Es macht mir möglich, den anderen zu beweisen, dass alles in Ordnung ist. Dass ich einer von ihnen bin und dazugehöre. Alles andere scheint mir sehr gefährlich. Da ist große Scham und Angst, dass sie mich sonst ausschließen könnten und mit den Fingern auf mich zeigen.

Ich kehre aber immer wieder an den Ort am Ufer diesseits der Klippen zurück. Ich habe in der Brandung vor den Felsen vor langer Zeit etwas verloren. Es war etwas sehr Wertvolles für mich. Ein glitzernder und funkelnder Teil meines Selbst. Er ist mir vor vielen Jahren hier abhandengekommen. Seit dieser Zeit bin ich nicht mehr im Ganzen. In mir ist deshalb großer Schmerz. Das lässt sich nicht so leicht ertragen und so komme ich, wann immer es irgendwie geht, hierher und suche danach. Die Kopie davon habe ich nachgebildet und auf mein Gewand genäht.

Meist ist die Zeit zum Verweilen am Ufer nur kurz. Auch besteht die Gefahr, dass Grenzposten mich beobachten könnten. Dann sitze ich da und schaue versunken aufs Wasser. Hinab zu tauchen an den Grund der Felsen, um auf die Suche zu gehen, ist deshalb nur selten möglich. Das Getöse des Alltags und meine vielen Verpflichtungen halten mich davon ab. Aber vielleicht habe ich mir all diese Aufgaben auch nur selbst erschaffen, damit ich diese schmerzlichen Gefühle nicht so oft wahrnehmen muss. So bin ich abgelenkt und habe immer Gründe, warum ich nicht in Ruhe verharren kann? Falls es mir aber manchmal doch gelingt, unbeobachtet zu sein, dann packe ich die Gelegenheit beim Schopfe und lege das Gewand ab und steige in die Fluten. Es ist mir so wichtig, nachzuschauen, ob ich es wiederfinden kann, was ich verloren habe.

Die Fluten sind mächtig. Ich schwimme an die Klippen und die Strömungen sind unberechenbar. Nicht selten erfasst mich eine Welle von unbändiger Kraft. Sie droht mich an den Felsen zerschellen zu lassen. Ich brauche dann mein Seil, das ich am Ufer festgebunden habe, um den Weg zurück zum Strand zu finden. Weil das Seil mich aber hält, kann ich auch nicht bis auf den Grund schwimmen. Manchmal sehe ich es glitzern da unten. Vielleicht liegt es da noch, was ich verloren habe. Die wenigen Male, die ich allein auf die Suche gegangen bin, waren mit Gefahren verbunden. Die Luft zum Atmen wurde verdammt knapp.

Ich müsste das Seil lösen. Ich weiß aber nicht, ob ich es dann ans Ufer zurückschaffe. Ich müsste auch mein Gewand eine Weile unbeobachtet zurücklassen. Meine Wunden wären sichtbar. Das ist sehr heikel.

Vielleicht finde ich einen Taucher, der die Strömungen kennt und eine Sauerstoffflasche und ein Navigationsgerät hat. Ein Detektor wäre auch sehr hilfreich. Ein Buddy, der Erfahrungen mit Tsunamis hat und weiß, wann der Mond günstig steht, um das Wagnis einzugehen. Ein Taucher, der mich sicher durch die Brandung führt und mir hilft, zu suchen. Ich kann es nur selbst finden. Kein anderer kann es mir abnehmen, nur ich allein wüsste, ob es das richtige ist, was zu mir gehört. Doch allein sind die Risiken zu groß. Ich habe erkannt, dass ich dabei die Hilfe eines Profi-Tauchers annehmen muss.

Ich müsste vorher jedoch genau prüfen, ob er echt ist. Auch Taucher können sich verkleiden. Ich weiß das. Sicher müsste ich seine Ausrüstung erst im Detail betrachten, die Ventile der Sauerstoffflaschen auf

Funktionstüchtigkeit checken. Vertrauen ist zwar gut, aber manchmal ist Kontrolle unerlässlich, um nicht noch mehr zu verlieren.

So ist es gerade in mir. Hallo Matthias.

Als er fertig ist, zu lesen, was ich ihm da aufgeschrieben habe, meint er: „krass". Ich weiß das nicht recht zu deuten. Was genau findet er jetzt krass? Dann fragt er mich, was genau ich denn gern wissen möchte. Mich interessieren seine Ausbildung und Berufserfahrung. Wer ist er, der da vor mir sitzt? Er ist ursprünglich Chirurg und hat nach eigener schicksalhafter Erfahrung die Fachrichtung in der Medizin gewechselt. Eine traumatherapeutische Ausbildung hat er auch, aber die Kenntnisse wendet er praktisch nicht an. Die Frage nach dem Warum spare ich mir, hörbar zu formulieren. Vielleicht war sie in meinem Gesicht zu sehen? Ich lasse alles auf mich wirken, jedoch so ein rechtes Gefühl von Vertrauen will sich in meinem Bauch erstmal nicht einstellen.

Ein paar Tage später habe ich die Chance, ihn zu fragen, was er eigentlich mit „krass" sagen wollte. Er erklärt mir, dass ihn die beschriebenen Bilder der Landschaft sehr beeindruckt hätten und er sich den Ort recht gut vorstellen kann. Hmmm. Meine sakrale Bauchstimme wehrt sich und schüttelt schwer den Kopf. Das war nicht die Antwort, die ich brauchte. In mir verschließt sich etwas, was zuvor offen war.

Vielleicht ist es ein Zeitfenster, was wir hätten nutzen können oder auch ein Maß an Vertrauen, was ich gebraucht hätte, um mich in seine Hände zu begeben? So wird das wohl nichts werden.

Mit den Verletzungen in der Seele ist das ungefähr so, als würde das Blut in der Wunde nur darauf warten, aus dem Schnitt herauszutreten. Nur, wenn man die Hände, am besten beide, sehr fest darauf drückt, ist der Blutverlust zu verhindern. Dabei wird jeder, dem das passiert, ziemlich handlungseingeschränkt, weil einfach beide Hände schon beschäftigt sind. Da helfen auch die ganzen tollen Kalendersprüche nur bedingt weiter, auf denen geschrieben steht: „Wer loslässt, hat beide Hände frei." Das mag ja stimmen, aber was machen wir inzwischen mit dem Blutverlust? So einfach ist es nämlich leider nicht mit dem Loslassen. Wenn dann die Brandung kommt und die Wellen über dem Kopf zusammenschlagen, dann ist es gut, was zum Greifen zu haben, was Sicherheit gibt. Und wenn es die Hand auf der Wunde ist.

WENN DAS SCHICKSAL UNERBITTLICH ZUSCHLÄGT

In einer der nächsten Chefrunden referiert unser Chefarzt zum Thema Trauma und Scham. Er hat meine volle Aufmerksamkeit und meine Ohren fühlen sich an, wie die von einem Luchs. Er holt wieder etwas aus und geht auf die genetischen Anlagen aus unserer biologisch geprägten Herkunft ein. Es hat wie schon erwähnt bei den Affen angefangen und heute könnte man das im Zoo auch manchmal noch beobachten, wie so eine Sippe funktioniert. Überhaupt sei unsere Genetik kein Zufall, sondern enthält Informationen aus allen Ebenen unseres Seins. Wir finden darin neben unseren körperlichen Merkmalen wie Größe, Statur, Haar- und Augenfarbe auch Anlagen zu Skelett, Organvitalität und Wiederstandkraft des Organismus. Das ist die materielle, strukturelle Ebene. Außerdem enthält der genetische Code auch Informationen zu unserer geistigen Leistungsfähigkeit. Wie helle eine Kerze auf der Torte scheint, hat auch etwas mit den Vorfahren zu tun. Je vielfältiger hierbei die genetische Bandbreite, desto höher die Wahrscheinlichkeit einer guten neuen Mischung. An der Stelle ist wohl der Moment, in dem der blöde Spruch gilt: „Gegensätze ziehen sich an". Für ein längerfristiges gemeinsames Lebensmodell als

Elternpaar taugt diese Weisheit in meinen Augen nicht, wohl aber für die Evolution und die Erhaltung der Art. Zumindest fehlt mir die Fantasie, dass ein Fräulein Couchpotato und ein Jüngling Mountainbike-Freak dauerhaft miteinander klarkommen.

Die dritte genetische Komponente enthält Informationen, die die Seele betreffen. Wer selbst Kinder hat, der beobachtet vielleicht auch manchmal, dass die süßen Kleinen plötzlich in Gesten, Verhalten, Reaktionen oder der Art mit Gefühlen umzugehen, einem selbst unheimlich, weil verdammt ähnlich sind, obwohl ihnen das keiner beigebracht hat. So mancher Spross ist so unschlagbar eine Kopie, dass es schon an Zauberei erinnert. Nicht umsonst reden die alten Tanten immer davon: „Ja schau mal, ganz der Papa" oder schlimmer noch „Der Apfel fällt nicht weit vom Stamm."

So muss da wohl was dran sein, dass wir von unseren Eltern mehr als nur Haarfarbe, Geschlecht und Statur genetisch definiert übertragen bekommen. Und das, was da in unserem alten Teil des Gehirns abläuft, scheint schon verdammt lange definiert zu sein und ist daran beteiligt, dass wir uns als biologische Klasse Homo Sapiens bis heute so erhalten und entwickelt haben. Unsere Urverhaltensmuster und Triebe sind nicht in der Großhirnrinde angesiedelt, auf die unser bewusstes Denken am ehesten Zugriff hat. Nein, für diese Anteile liegt die Sache weiter innen im Verborgenen. Hier sind Stammhirn und Zwischenhirn aktiv. Dort sind unser Fluchtreflex, unsere Angriffslust, unsere Erhaltungstriebe und der Sinn fürs Überleben angelegt. Im limbischen System, dem Teil unseres Gehirns, in dem die Wahrnehmung von Sinneseindrücken verarbeitet wird, findet blitzschnell und ohne unser Bewusstsein der Check-In statt, ob etwas gefährlich, furchteinflößend, traurig, schmerzhaft oder interessant erscheint. Bevor es die Großhirnrinde erreicht und damit die Chance hat, uns bewusst zu werden, hat unser Körper schon längst die Info, ob etwas gut oder schlecht für uns ist. Und das merkt sich der Körper. Er merkt es sich für eine verdammt lange Zeit und viel besser als das Großhirn. Und je häufiger sich ein Eindruck wiederholt, lernt das Gehirn eine Strategie, damit umzugehen. Die besten Strategien funktionieren über Vermeidung, Verdrängung und Abspaltung.

Unser Körper hat schon unendlich viele Informationen aufgenommen, bevor wir sprechen können. In dieser Zeit entwickelt sich unsere Menge an Vertrauen in unsere Sippe und in diese Welt. Unser Körper lässt sich da auch nichts einreden. Er weiß Bescheid. Und er merkt sich vor allem das ganz genau, was scheinbar nicht sein darf. Unterdrückte Wut wegen fehlender Autonomie oder Ungerechtigkeit,

(„Wenn du wieder lieb bist, dann kannst du wieder zu uns kommen, solange du tobst, bleibst du alleine in deinem Zimmer!"), unerfüllte Liebe in der Ablehnung durch unsere wichtigsten Bezugspersonen, („Schau dich doch mal an, wie Du aussiehst, wie eine vom Strich"!) Traurigkeit und Schmerz über Verluste, die als Banalitäten dargestellt werden. „Hör auf zu weinen. Davon wird der kleine Schnucki auch nicht wieder lebendig. Hamster sterben nun mal schon nach 1-2 Jahren." Und weil sich all das so ungeheuerlich anfühlt, schließen wir es tief in uns ein, um es möglichst nicht mehr zu spüren. Trotzdem bleibt es da und treibt im Unbewussten sein Unwesen. Und meine Beispiele sind die von der Kategorie „einigermaßen harmlos". Die wirkungsvolleren Dinge sind meist viel subtiler.

Ich möchte mir auch nicht ausmalen, wie die Zweckehe meiner Urgroßmutter von Seiten ihres Mannes noch als „Deal" ausgelebt wurde. Meine Vorstellung geht so in die Richtung: Du kriegst von mir ein Dach über dem Kopf und was zu essen, ich kriege von Dir das, was man von einer Ehefrau zu erwarten hat. Wie vielen Frauen ist es schon so ergangen und wie viele Kinder haben es miterlebt?

So erscheint es hinter diesem Wissen geradezu fatal, zu glauben, dass Babys und Kleinstkinder nichts mitkriegen. Das ist nur insofern richtig, dass sie keine

Worte dafür haben und später auch keine Ereignisse erinnern können. In ihren Erfahrungen im Unbewussten haben sie aber alle Informationen abgelegt. Fein säuberlich und in der Intensität, wie sie fühlen konnten, ob es gutgetan hat oder eben leider nicht. An dieser Stelle sind hinreichend gute Eltern ein Geschenk des Himmels.

Es wird also eine ziemlich brisante Mischung, wenn zu unseren genetischen uralten Informationen von Flucht oder Angriff nun noch all die Erfahrungen aus unserem eigenen Leben hinzutreten.

Wenn es ungünstig läuft, dann werden die Ereignisse, die Schaden machen, leider nicht verhindert. Kinder, die wenig Schutz und weniger Fürsorge erleben, laufen schneller in Gefahren hinein. Sie bringen sich selbst in Gefahr oder niemand beschützt sie vor gefährlichen Situationen. Wenn ihnen dann Schreckliches widerfährt, ist auch keiner da, der sie tröstet oder ihnen erklärt, dass sie nicht schuld sind. Auch da wirkt ein skurriles Muster in unserer Evolution: Wer beschädigt, verwundet oder verletzt wurde und es nicht kennt, sich dann von der Sippe mit Fürsorge wieder aufpäppeln zu lassen, der betrachtet seine Verwundung als Makel und versucht, sie zu verheimlichen. In diesen Familiensystemen herrscht die Tradition, dass „Schwäche" ein Makel ist, der nicht tolerabel ist. Opfer zu sein heißt automatisch, nicht die

Kraft und Stärke bewiesen zu haben, dass einem keiner was tun kann. Dann war man naiv oder dumm oder schwach. Das geht gar nicht. Man sucht die Verantwortung für das Passierte bei sich selbst. In diesen Familien wird das Kind auch sonst für alles Mögliche verantwortlich gemacht. Eine gesunde Unterscheidung zwischen der tatsächlichen Verantwortung und der von den „Großen" gelingt nicht mehr. Zuviel ist schon vorher vermischt. So wird auf die Verletzung eher mit Scham reagiert.

Während ich in diesem Saal sitze und dem Chef bei seinen Ausführungen lausche, wird mir abwechselnd heiß und kalt. Ich erkenne für mich so tiefe Wahrheiten in seinen Worten, dass ich mich frage, ob man mir das ansehen kann. Mein Stift fliegt übers Papier und meine Notizen scheinen mir zu einfach und banal bei der Tiefe der Erkenntnisse.

Scham verhindert, dass über das Verletzende gesprochen wird. Ich konnte Jahrzehnte lang mit niemandem sprechen. Es entstehen Tabus und vor allem Einsamkeit. Scham bringt mit sich, dass niemand ins Vertrauen gezogen wird. Das verhindert Entlastung. So wird die Belastung durch Emotionen, die nicht ausgedrückt werden dürfen, noch höher, als es die Verletzung an sich schon schwer und schlimm gemacht hat. Ein großes Ausmaß an Scham verhindert die emotionale Verarbeitung von Trauma sehr. Sie führt sogar dazu, dass Bindungen von dem Beschämten von innen heraus abreißen. Unbewusst wird gespürt: „Ich gehöre nicht mehr dazu". „Ich bin wertlos und habe es nicht verdient, geliebt zu werden". „Ich habe die Regeln meiner Sippe gebrochen". Das Vertrauen geht verloren und es entsteht ein tiefes Gefühl von „Allein sein". Es ist real tatsächlich niemand da, der für Entlastung sorgen kann, weil die Scham verhindert, dass sich die Beschämten jemandem anvertrauen. Sie wollen sogar so tun, als wäre nichts gewesen, um weiterhin „dabei" sein zu können. Unbewusst versuchen sie allen zu beweisen, dass sie genauso gut wie alle anderen sind. Nein, sogar noch viel besser. Nicht selten entsteht darüber ein starker Leistungswille. Egal, ob Mann oder Frau; Menschen, die in ihrer Entwicklungsphase als Kinder oder Jugendliche ein oder mehrere Traumen erlebt haben, werden oft zu den Machern der Gesellschaft. Das Bedürfnis, „es" allen zu beweisen, wirkt unbewusst so intensiv, dass die eigenen Grenzen sehr oft übertreten werden. Heute ist der Tag, an dem ich diesen Zusammenhang zu meinem eigenen Leben das erste Mal so richtig erfasse.

So wirkt sich Scham über erlebtes Trauma in aller Regel schlimmer aus als das Ereignis an sich. Menschen, die Traumata erleben, fühlen sich selbst unvollständig, weil sie ihrer Würde beraubt sind und dadurch beschmutzt. Das Gefühl des „Unvollständig-Seins" kann auch daher kommen, dass das Erlebte so schlimm war, dass es nur durch Dissoziation, also Abspaltung auszuhalten war. Ein Zustand, in dem ein Teil der Seele wie ausgeschaltet wird, um es nicht fühlen zu müssen, was gerade passiert. In der Situation bleibt dem Betroffenen keine Möglichkeit zur Flucht oder zum Angriff. Die Lage ist so, dass jede Chance genommen scheint, selbst eine Besserung herbeiführen zu können. In manchen Fällen führt das zu Ohnmacht im Sinne der Bewusstlosigkeit, in anderen zum Abschalten der Gefühlswelt. Gefühlskälte und Gefühlsstarre können folgen. Beides hat unterdrückte Emotionen zur Folge. Bei Erlebnissen, die kollektiv, also nicht allein erfahren werden, wie z.B. einem Autounfall oder einem Zugunglück gibt es heutzutage oft sofort Helfer, die die Opfer versorgen. Da hat die Gesellschaft inzwischen schon viel dazugelernt und macht Vieles richtig. Auch hier können trotzdem schwere Auswirkungen bleiben. Jedoch bei allen Formen von Trauma in familiären Zusammenhängen oder bei sexuellen Übergriffen sind meist nur Täter und Opfer miteinander allein und der Täter übt Macht aus. Das Opfer wird beschämt und sehr oft auch noch bedroht und durch Schuldumkehr dazu gebracht, darüber Stillschweigen zu bewahren. Je weniger nun Vertrauen in Eltern oder andere

Bezugspersonen herrscht, umso schlimmer das Schweigen und die folgende Scham.

Aus diesen unverarbeiteten Emotionen erwachsen zum Beispiel mörderische Wut, opferbereite Liebe, namenlose Panik, masochistische Lust oder unaushaltbarer Schmerz. Die sonst physio-logischen Emotionen werden übermächtig und führen zu unangemessen starken Ausschlägen in völlig anderen Situationen. Im Erwachsenen Dasein lösen Momente diese Gefühle wieder aus, wenn sie in irgendeiner unbewussten Verbindung zum Trauma stehen. Die Profis benutzen dafür den Begriff der „Affektbrücke". Da reichen Gerüche, Geräusche, Gesten, Geschmack, Stimmlagen, Berührungen, Körperpräsenz oder weiß der Kuckuck, was für Details aus, um die Betroffenen in ähnliche Gefühlslagen zu bringen, wie damals, als es passierte. Das Dumme ist nur; es ist in dem Moment nicht zu verstehen, was da gerade abgeht. Für denjenigen selbst nicht und für denjenigen, der es ausgelöst hat auch nicht. Und so entstehen neue Konflikte, neue Kränkungen, neue Beziehungsbrüche, neue Einsamkeit. Ein ziemlich blöder Kreislauf also.

Und damit sind wir mitten in so vielen Biografien angekommen. Jeder meiner Mitbewohner hier hat eine solche Geschichte, mich eingeschlossen und ich bin überzeugt davon, dass viele Menschen nie in eine

Klinik gehen würden, aus Angst sich genau diesen Tatsachen zu stellen. Es tut weh, es ist anstrengend und macht keine guten Gefühle. Oder weil sie nicht wissen, dass es Wege gibt, diesem Kreislauf doch zu entkommen, wenigstens ein wenig. Die gute Nachricht ist, es lohnt sich. Hinterher versteht man sich selbst und die Welt etwas besser und kann Strategien entwickeln, die hilfreich sind. In den allermeisten Fällen zumindest.

Aus all dem, was der Chef da heute erklärt entstehen Vermeidungsverhalten, Sicherheitsbedürfnis, Überreaktionsbereitschaft und/oder somatisierte Schmerzen. Nicht umsonst hat sich in der Medizin der Begriff der psychosomatischen Störung etabliert. Ein Konflikt in der Psyche macht sich in körperlichen Beschwerden bemerkbar. Da die dazugehörigen Auslöser mit gutem Grund so tief innen im Seelenleben verschlossen sind, werden die Zusammenhänge nicht mehr im Außen wahrgenommen. Die Scham sorgt für den Rest. Der Verschlussmechanismus ist doppelt und dreifach gesichert. Die Scham ist unbewusst so intensiv, dass es hochgradig schwierig ist, dieses Zusammenspiel von Ereignissen für möglich zu halten. Verdrängt und vergessen wartet die unterdrückte Emotion von damals auf ihre Befreiung und übt solange Druck aus, bis im Leben etwas passiert, was Räume schafft. Burn-Out, Verletzungen aller Art,

Bandscheibenvorfälle, Unfälle, Krankheiten… die Vielfalt der Reaktionsbandbreite unserer Körper ist erstaunlich. Dann, wenn nichts mehr geht, ist Zeit und Raum, sich mit sich selbst zu befassen und in die Tiefe der höllischen Gefühle vorzudringen. Wenn man das denn wagt. Einfacher ist, alles dort zu lassen. Der Nachtschlaf ist in dieser Zeit meist schlecht. Der Spruch vom Kalenderblatt kommt mir wieder in den Sinn: „Die Nächte, in denen wir nicht schlafen können, sind die Nächte, in denen wir erwachen."

Sicherlich ist das eine schwere Behauptung, die ich hier in den Raum stelle. Das mag sein. Ich glaube nicht an Zufälle und auch nicht daran, dass der Körper zufällig diese oder jene Krankheit erleidet. Außerdem steht es jedem frei, woran er glauben mag. Und ich finde, Bandscheiben-Operationen sind in Ordnung, wenn es hilft und auch Pillen gegen Bluthochdruck und für Schlafverbesserung. Der Touchdown in der Hölle ist nicht immer eine gute Wahl. Manche Sachen sind da unten tatsächlich besser aufgehoben. Nicht umsonst gibt es viele Patienten, bei denen sich Physiotherapeuten, Orthopäden und die ganze Profimannschaft von Therapeuten die Zähne ausbeißen, um Besserung oder Linderung der Beschwerden herbeizuführen. Erfolglos. Die Standardmeinung der Patienten ist: Ich habe kein psychisches Problem. Mir tut nur was weh. Hört auf damit, mir zu nahe zu kommen und in meiner Psyche rumzustochern. Vor sich selbst sind die Themen so tief verdrängt, dass es intellektuell nachvollziehbar ist, dass da kein Problem ist. Nur der Körper lügt nicht und will sich nicht der Panik, dem Schmerz, der Angst oder der Aggression stellen. Unbewusst herrscht die Idee, es könnte unkontrollierbar werden und der Weg zurück in einen kompensierenden Alltag wäre nicht möglich.

Wer Glück hat im Leben, kommt ohne Traumen durch die ersten beiden 7 Jahres-Zyklen. Die sind am intensivsten, was unsere Hilflosigkeit angeht und das Ausmaß, mit dem wir unserer Umgebung und unserer Sippe ausgeliefert sind. Wir kennen auch nichts anderes und sind der Annahme, das ist so normal, wie wir es erleben. Dass es Unterschiede geben kann, wird uns in diesem Alter nicht bewusst oder nur wenig. Auch der dritte 7-Jahreszyklus von 15-21 ist noch sehr empfindlich. Eine Zeit in der der körperliche Umbau, die erwachende Sexualität, Berufswahl und Partnersuche stattfinden, hält an vielen Ecken Risiken bereit, um Schicksalsmomente zu erleben.

Viele Leute machen Witze über die Pubertät. Ich finde diese Zeit ist gar nicht witzig. Das Bewusstsein erwacht, die Autonomie wird größer und die Chancen, sich gegen bisherige Konditionierungen zu wehren nehmen zu. Eltern, die ihre Kinder schlimm pubertierend empfinden, verstehen nicht immer, dass die eigenen Kinder den Weg in ihr Leben suchen und der vielleicht anders aussieht als der, den sich die Eltern überlegt haben. Meine gute Wegbegleiterin Miriam meinte in so einer Diskussion, sie sei bei ihren 4 Kindern gut mit der inneren Haltung klargekommen: „Wegen Umbau geschlossen". Ich mag diesen einfachen, kurzen Satz sehr. Ich konnte leichter tolerieren, dass meine Kinder ewig im Bett liegen konnten, nicht so viel mit mir sprachen, Dinge ausprobierten, ohne dass ich es wissen musste. Nicht selten stelle ich mir selbst, seitdem ich hier bin natürlich auch die Frage, wie hinreichend gut ich als Mutter bin?

Die Entscheidung Eltern zu werden und zu sein, wenn sie denn eine bewusste Entscheidung war, enthält immer das große Risiko, dass nicht alles und immer gut läuft. Das Leben ist so vielschichtig und keiner ist perfekt. Die eigenen Prägungen wirken sich noch so sehr aus, dass wir in der Rolle als Eltern noch ganz vieles von dem weitergeben, was uns selbst beigebracht wurde. Egal, ob das für uns gut war oder nicht. Perfekt muss auch nicht sein. Das Wesentliche liegt glaube ich darin, den Kindern liebevoll und ehrlich zu begegnen und ihnen ihre Chancen auf das Finden des eigenen Weges möglichst offen zu gestalten. Erziehung ist für mich ein Wort, was in sich schon den Verrat am Kind deutlich macht. Es sollte nicht

„erzogen" werden. Das würde heißen, jemand zieht daran, bis es groß wird. Welche Pflanze ist dadurch schon am besten zur Blüte gelangt, wenn man ständig daran zieht? „Beim Entwickeln helfen" konnten wir unseren Kindern hoffentlich am besten dadurch, wie wir selbst als Paar miteinander umgehen und wie wir unsere Probleme angehen. Irgendjemand meinte: „Du kannst deine Kinder ohnehin nicht erziehen, denn sie machen dir eh alles nach." Dazu stehen, wenn wir Fehler gemacht haben und ihnen liebevolle Momente schenken. Wie hinreichend gut wir darin waren, wird sich zeigen. Liebe kann vielleicht am besten fließen, wenn wir die eigenen Baustellen im Blick haben und an ihnen arbeiten. Je mehr unerlöste Emotionen bei uns selbst im Gange sind, desto schwieriger wird es sicherlich. Ich finde, dafür lohnt sich dann wieder der Touchdown in der Hölle. Damit die eigenen Kinder möglichst frei ihren Weg gehen können.

Meine Eltern haben mir neben dem, was nicht so günstig lief, viele Dinge mitgegeben, für die ich sehr dankbar bin. Auch diese Anteile haben mich zu dem gemacht, was ich heute bin. Es ist am Ende immer eine Mischung und ich lebe mein Leben mit der Chance, die toxischen Momente meiner Kindheit dazu zu nutzen, daran zu wachsen und sie in etwas Kraftvolles zu verwandeln. Ich bin heilfroh, dass mir das möglich ist. Wenn ich mich umschaue, dann hat es andere wohl noch viel schlimmer getroffen.

Ich muss mit meinen Gedanken ziemlich weit abgeschweift sein in dieser Chefrunde heute. Das Referat von unserem Chefarzt hat mich sehr nachdenklich gemacht.

TRANSGENERATIONALE ÜBERTRAGUNGEN

Dieser Begriff taucht in den Vorträgen beim Chef auch immer wieder auf. So langsam wird immer klarer, was darunter zu verstehen ist. Die Generationen vor uns hatten viel weniger als wir heute die Möglichkeiten, sich ihren Seelenverletzungen zu nähern. In Zeiten des Krieges, in Nachkriegsjahren und den Generationen vor uns, mit ihren tief verankerten Regeln, was die Rollen jedes Familienmitgliedes angeht, ist es ungleich schwieriger gewesen, selbstbestimmt zu leben. So manche Entscheidung im Versuch ein glückliches und selbstbestimmtes Leben zu leben, wurde zu Nichte gemacht. Das Leben war hart mit all den Entbehrungen, Verlusten, Verzicht und schlichtweg der Aufgabe, zu überleben. Religion, Tradition, Rollenverständnis und Familiensinnbild haben sich erst in den letzten Jahrzehnten sehr gewandelt. Die Tatsache, dass in den letzten 100 Jahren 2 Weltkriege stattfanden und damit verbunden millionenfache Opfer und ebenso Täter in unseren Vorfahren zu finden sind, lässt erahnen, wie intensiv unsere Geschichte als ganzes Volk, aber auch die jedes Einzelnen mit den Auswirkungen dieser Schicksale verbunden ist.

In diesen Geschichten hängen bis heute so viele Gefühle fest. Und so viele davon wirken unbewusst. Es ist für mich kein Wunder, dass Omas und Opas über diese Dinge oft wenig erzählen konnten. Wenn ich mir mein eigenes Schamgefühl vor Augen führe, wie stark mich das selbst schon zum Schweigen gebracht hat, wie viel stärker muss das bei den Generationen vor mir ausgeprägt gewesen sein, die mit noch viel mehr Traumen klarkommen mussten. Da ging es jahrelang, fast ein Leben lang ums Überleben. Je nach dem, auf welcher Seite in diesem Deutschland die Familie gelebt hat, nahmen diese Geschichten auch unterschiedliche Fortsetzungen. Viele Familien waren getrennt. Es gibt Wirren, die der Krieg hinterlassen hat. Diesseits und jenseits der Mauer kamen danach neue Traumen in die Familiengeschichten hinein. Das alles ist nicht bedeutungslos, wenn ein Kind neu geboren wird. Das Kind hat einen eigenen Körper, einen eigenen Geist und eine eigene Seele. Und doch bekommt es von den Geschichten der Familie so viele Dinge mit. Es kann bis heute keiner wirklich plausibel erklären, warum, wieso und weshalb; Fakt ist, dass wir als Nachfahren Emotionen fühlen können, die nichts mit unserer eigenen Biographie zu tun haben können und doch sind sie da. Die Gefühle von Verlust, von Schuld, von Einsamkeit, von Trauer oder Schmerz. Die frühe Psychologie nannte diese

Erscheinungen z.B. endogene Depression. Man könne keinen Zusammenhang im Leben des Betroffenen zur Tiefe der Trauer feststellen, also scheint mit der Biochemie etwas nicht zu stimmen und das ist von innen heraus so und hat keine feststellbare Ursache. So geben wir dem Bild den Namen endogen. Dass die Biochemie nicht sauber läuft, mag richtig sein. Woher aber kommt die Information, dass sie so und nicht anders läuft? Welcher genetische Aspekt hat genau dies so geprägt?

Sorry, aber ich kann das nicht glauben, dass es einfach Pech sein soll oder Zufall? Mir ist das zu „einfach". Heute ist die Wissenschaft davon schon abgerückt. Jetzt wird nur noch beschrieben, wie der momentane Zustand ist. Ursachenbetrachtung ist nach wie vor nach meinem Empfinden unterbelichtet. Kann es nicht viel eher sein, dass es transgenerationale Übertragungen sind? Wer kann beweisen, dass wir in unseren Genen keine Informationen von Erlebtem unserer Mütter und Väter, Großmütter und Großväter mitgeliefert bekommen? Biologisch waren wir jedenfalls schon dabei, als all die schlimmen Dinge passiert sind. Und die Auswirkungen der Gefühlslage unserer Mütter und Väter haben wir zumindest im eigenen Leben ganz sicher zu spüren bekommen. Und alles, was sich nicht mit mindestens einem mittleren Touchdown in der Hölle auflösen lässt, wirkt weiter, so lange wie wir leben. Dann wieder bei unseren eigenen Kindern. Schon ganz schön fies, wenn ich mir das mal genau betrachte.

Will ich das?

Jetzt, wo ich diese Zusammenhänge erkannt habe, ist es eine bewusste Entscheidung, wie viel ich meinen Kindern hinterlassen will. Oder will ich den Preis bezahlen, mir diese verborgenen Gefühle anzuschauen und zuzulassen, sie nochmal zu fühlen? Ich habe zumindest schon verstanden, dass dies der Weg ist, sie aufzulösen.

DIE DINGE WIEDERHOLEN SICH

In unserer kleinen Herde sitzen wir zu dritt nach dieser Chefrunde im Garten der Klinik und jeder von uns hängt seinen Gedanken nach. Ich selbst bin so nachdenklich, dass ich gar nicht viel sprechen kann. Leise rollen einige Tränen über mein Gesicht. Ich bin berührt von meiner Trauer über die vielen Jahre, die mich die Scham gekostet hat. Jessy rückt näher an mich heran und wir halten uns mit den kleinen Fingern verschränkt eine lange Weile gegenseitig.

Sie hat ihren Vater angeschrieben. Als er ein sehr kleiner Junge war, war seine Familie nach Tolkemitt in Pommern evakuiert worden. Bei Kriegsende rückten die russischen Truppen heran und mit ihnen der Ruf, wie sie mit den Familien in den Dörfern umgingen. Männer waren ohnehin kaum noch da, die meisten taten ihren Dienst in den deutschen Truppen oder waren bereits gefallen. Jeder, der laufen konnte, packte seine Sachen auf einen Handwagen und ergriff die Flucht. So auch die Familie des Vaters von Jessy. Bei Schneetreiben und ohne zu wissen, wohin genau die Reise geht, floh die Großmutter mit ihren beiden Jungs nach Königsberg. Vom Großvater fehlte zu diesem Zeitpunkt jede Spur. Oma stand schon vor der Gustloff und hatte sogar eine Fahrkarte für sich und die Buben ergattert. Einem starken inneren Impuls folgend, entschied sie sich jedoch gegen die Fahrt über die Ostsee. Sie nahm den Weg über das zugefrorene Haff zu Fuß. Eine Entscheidung von Sekunden mit der Folge, dass ich heute Jessy treffen kann.

Die Gustloff wurde beschossen und mit ihrem Untergang wurde der Meeresboden der eiskalten Ostsee für tausende Menschen die letzte Ruhestätte. Ganze Familien wurden ausgelöscht. Der Bruder von Jessys Vater war zu diesem Zeitpunkt ungefähr 8 Jahre alt. An viele Details konnte er sich ein Leben lang erinnern und hat all das aufgeschrieben. Jessy hält diese Papiere nun in den Händen und kann das erste Mal in ihrem Leben ihren Vater und seine Geschichte besser verstehen. Sie haben überlebt, aber eben gerade so. Die Großmutter hat Jungs in ihrem Leben immer bevorzugt. Jungs waren für sie immer wichtiger, Mädchen nicht so. Jessy hat das zu spüren bekommen. Von der Großmutter genauso, wie von den eigenen Eltern.

Auch die Oma mütterlicherseits hat ein sehr schweres Schicksal zu Kriegsende zu erleiden gehabt. Sie befand sich ebenfalls im früheren Ostpreußen, gerade im Begriff zu fliehen. Als sie mit ihrer Mutter schon vor dem vermeintlich rettenden Zug in Richtung Berlin stehend auf die Idee kommt, noch einmal schnell ins verlassene Haus zu rennen, um die Oberbetten zu holen, schafft sie den Weg zurück nicht mehr und wird von russischen Soldaten festgehalten. Der Zug fährt ohne sie nach Berlin. Auch das ist eine Entscheidung von Sekunden, die Jessys Großmutter in der Folge einige Jahre Gefangenschaft in Sibirien einbringt. Hunger, Kälte, alle Arten von Entbehrung, die man sich vorstellen kann. Schwanger kehrt sie nach 5 Jahren heim. Wer der Vater des Kindes ist, bleibt für immer ein Geheimnis, das die Großmutter sogar mit bis ins Grab nimmt. Jessys Mutter weiß nur wenig von ihren Wurzeln und sucht in ihrem Leben immer nach Halt. Ihrer eigenen Tochter konnte sie diesen Halt über große Strecken im Leben auch kaum geben. Wenn es drauf ankommt, fühlt sich Jessy eher in der Verantwortung, ihrer Mutter diesen Halt zu geben. Da ist schon wieder, die Verwechselung.

Der dritte in unserem Bund ist Nico. Ein erfolgreicher Arzt aus einer großen deutschen Stadt. Verheiratet, 2 pubertierende Kinder und eine Fachärztin als Frau. Auch seine Geschichte enthält einen roten Faden. Bei ihm geht's um die Frauen, die zu Tätern wurden. Die Männer erniedrigten und sie benutzten, um ihre Interessen durchzusetzen. Ganz anders als meine Geschichte, aber mit gleich schwerer Wirksamkeit.

Nicos Urgroßeltern erlebten noch den ersten Weltkrieg. Der Urgroßvater kam verwundet zurück und blieb zeitlebens ein Kriegsversehrter. Er hatte nur noch ein Bein und war in vielen Dingen auf Hilfe angewiesen. Die Urgroßmutter erzählte in der Familie immer die Geschichte, dieser Mann sei ein Tyrann gewesen und sie habe ihn deshalb verlassen. Als Nico jedoch alle Puzzleteile der Erzählungen zusammensetzt, gibt es darin viele Unstimmigkeiten. Der angebliche Tyrann lebte in der gleichen Stadt wie seine Frau. Seine Tochter hatte strenges Kontaktverbot, ihren Vater jemals zu besuchen. Gleichzeitig verbreitete die Urgroßmutter gegen die Männer im allgemeinen Verachtung und erzog ihre Tochter auch in diesem Tenor. Vielleicht aber konnte die Urgroßmutter nur nicht dazu stehen, einen Mann zu verlassen, der ihren Ansprüchen nicht mehr genügte, weil er körperlich versehrt war? Vielleicht war es auch hier die Scham, ihm Hilfe und Zuneigung zu versagen und dann lieber Lügengeschichten über ihn zu erfinden? Vielleicht hatte sie selbst tyrannische Anteile in sich und hat die Geschichte nur umgedreht?

Nico hat von seinen weiblichen Vorfahren über 3 Generationen Verachtung zu spüren bekommen. In der Reaktion darauf richtete er sich selbst verachtend gegen die Frauen. Solange er denken kann, empfindet er mörderische Wut. Er kennt sogar

Momente, in denen die Hoffnungslosigkeit so groß ist, jemals aus dieser Falle herauszukommen, dass er Tage und Nächte hatte, in denen er sein Leben beenden wollte. Interessanter Weise ist die größte Motivation dabei nicht die Erleichterung, all das nicht mehr fühlen zu müssen. Nein, es ist mehr noch das Gefühl der Rache; sich selbst zu opfern, um den Frauen zu zeigen, was sie angerichtet haben. Die Motivation, es den Frauen damit zu beweisen, wie schlimm sie sind, indem er sich selbst das Leben nimmt, erscheint mir unwirklich und doch ist es die Wahrheit für Nico. Das Schicksal bringt mit sich, dass ihn irgendetwas dann doch davon abhält. Bildung und Erziehung haben ihm beigebracht, die starke Wut schön zu kontrollieren. An manchen Tagen hilft Alkohol dabei. So sucht sich die Wut ihren Weg in Fantasien, in denen Frauen rein gar nichts zu lachen haben. Darunter leidet Nico, denn er kann sehr wohl unterscheiden, ob etwas „normal" zu sein scheint oder eben ein Ausmaß annimmt, was nicht mehr so zu bezeichnen ist.

So sitzen wir alle drei auf unseren Stühlen und wissen nicht so recht, wie nun weiter. Hier sind doch Profis am Werk. Irgendeinen Weg heraus aus dieser Misere muss es doch geben, sonst würde das Ganze hier doch keinen Sinn ergeben? Wir können uns nicht vorstellen, dass all die Zusammenhänge nur bei uns drei Leuten so sein sollen. Uns unterscheidet von manch anderem die Entscheidung, dass wir in eine Klinik gegangen sind, weil wir so nicht mehr weitermachen wollen. Die Menge und der Umgang mit der eigenen Scham über unsere Geschichten ließ es immerhin zu, dass wir hierhergekommen sind. Es fühlt sich wahrlich nicht gut an, aber es erscheint mir zumindest besser, als das, was mich erwartet, wenn ich es nicht tun würde.

Weil ich keine bessere Idee für den Moment habe, gehe ich zum Kaffeeautomaten und ziehe mir einen heißen Milchkaffee. „Genug gedacht für gerade eben". Bei Edith unserer Physiotherapeutin steht der nächste Termin zur Massage an. Wie günstig ist diese Fügung. Das lass ich mir jetzt gerne gefallen. Später kann ich dann immer noch sehen, wie es weiter geht. Im Moment geht nur noch Milchkaffee und Massage.

DIE EICHE IM WALD VERDECKT DEN BLICK AUF LAUTER BÄUME

Es ist wieder Zeit für Gruppentherapie. Am Anfang gibt es jeweils eine Befindlichkeits-Runde, in der alle, die da sind, kurz erzählen, wie es ihnen heute geht. Manchen geht es immer gleich schlecht, bei anderen ist Bewegung drin. Die Übungen, die wir dann hier machen, sind meist ohne viele Worte. Wir nehmen uns selbst in Beziehung zu verschiedenen Dingen wahr. Manchmal sind es Stricke oder Seile, manchmal kleine Sandsäckchen, andere Male wieder sucht sich jeder etwas aus, was sich so finden lässt. Liane, unsere Therapeutin ist die Einzige, die spricht und uns Anweisungen gibt. Für mich gibt es in diesen Runden immer ein paar gute Impulse. Ich kann für manches einfach eine neue Perspektive finden oder eben ohne Worte machen zu müssen, nehme ich Reaktionen in meinem Körper wahr. Diese sagen oft so viel mehr als Worte. Der Körper lügt nicht.

Heute sollen wir wieder eine Übung draußen machen: Wir dürfen uns in der Umgebung des Hauses einen Baum aussuchen. Den sollen wir uns genau betrachten und mal nachsinnen, wie der Baum auf uns wirkt. Wir sollen uns auch Details anschauen, ihn befühlen, uns mal anlehnen. Unter seiner Krone in seinem Schatten dürfen wir verweilen und spüren, was in uns für Gedanken auftauchen.

Später sollen wir wieder alle hier zusammenkommen. 20 Minuten sind Zeit. Alle strömen davon und für einen Moment gibt es sowas wie Gedränge, weil vielleicht jeder den gleichen Baum aussuchen würde? Da sind sie wieder, unsere kindlichen Momente. Mir gefällt eine kleine Gruppe von drei Eichen. Als ich zu ihnen gehen will, werde ich von einem Schwarm aufgescheuchter Mücken empfangen. Die ganze Wiese scheint ein einziger Brutkasten für Insekten zu sein. Blöd, wenn solche irdischen Hindernisse die ganze Romantik des Baumfeelings beeinträchtigen. Ich will aber die Eichen wählen! Ich warte etwas ab, bis sich die erste hundertfache oder sogar tausendfache Schrecksekunde bei den Mücken über mein Erscheinen gelegt hat. Dann stakse ich wie so ein Storch durch die Wiese und nähere mich meinen Eichen.

Sie sind groß und kräftig und erscheinen mir schon alt. Ich wähle mir zuerst die mittlere. Die Rinde ist mit Efeu bedeckt. Der Gärtner scheint das nicht zu wollen und hat an vielen Stellen schon die dicken Äste von unten gekappt. Trotzdem winden sich die Ranken mit ihrem satten Grün am Stamm empor. Ich frage mich, ob das gut ist oder der Eiche vielleicht auch Kraft entzieht. Es sieht jedenfalls schön aus. Ich betrachte die

Äste in der Höhe und erkenne, dass es viele Verzweigungen gibt. Der Wind hat sie geformt. Manche wirken knorriger als andere. In der Rinde entdecke ich Spuren von früheren Schäden. Da muss schon mal ein Sturm seine Kraft entladen haben. Einer der Äste wächst sehr eigenartig nah am Stamm entlang und in einer völlig widersinnigen Richtung. Ich betrachte das eine Weile und frage mich, wie das kommt.

Ich lehne mich auch mal ganz mit vollem Gewicht gegen den Stamm. Mir ist klar, dass die Eiche damit keinerlei Gleichgewichtsproblem hat. Ich bin viel zu winzig. Dann trete ich mal mit viel Kraft gegen den Stamm. Das führt noch nicht mal zu einer geringen Erschütterung. Nur mein Fuß tut danach weh. Ganz schön hart so eine Eiche. Neulich zu Hause haben wir Stücke einer Eiche in unser Auto verladen. Sie war ein Sturmopfer und wir durften das Holz verwenden. Es ist gigantisch, wie schwer so ein Baum ist. Wenn er so in der Landschaft oder an der Straße steht, dann wirkt er auf mich lebendig und falls er umfällt, dann rolle ich ihn zur Seite…. Never. Diese Gehölze haben ein Gewicht, das ist wie ein Betonpfeiler. Das beeindruckt mich. Am meisten aber fällt mir auf, dass der Baum einfach hier so steht. Tagaus, tagein. Er muss nichts Besonderes tun, er kann einfach nur so dastehen. Er wirkt durch sein Dasein, gibt Schatten, wirft im Herbst seine Früchte für die Eichhörnchen ab und im Winter sammelt er einfach neue Kraft für die Triebe im Frühling.

Ich versuche, die Eiche zu umfassen. Es ist maximal die Hälfte des Stamms, die ich umschlingen kann. So mächtig erschien sie mir von der Ferne gar nicht. Wie ich so versuche, meine Arme um sie herum zu legen, lehne ich mein ganzes Gewicht nochmal an das Holz. Ein starkes Gefühl von Sicherheit und Geborgenheit erfasst mich. So, wie ich mir gewünscht hätte, früher, als ich klein war, dass ich mich an jemanden hätte anlehnen können. Einer, der nicht weicht, der dasteht und Kraft hat und mich hält. Ich schließe die Augen und lasse diesen Moment ganz tief in meinen Körper einsinken. Ich mute mich ganz und gar der Eiche zu.

Später zurück im Saal liegt für jeden von uns ein Papier bereit. Zuerst sollen wir darauf schreiben, was uns an unserem Baum am meisten beeindruckt und gefallen hat. Mit fällt wieder dieses „Einfach so sein" ein, wie schon mal neulich, bei der anderen Übung. Dastehen bei Wind und Wetter und nichts selbst tun, außer so zu sein, wie von der Natur geschaffen. Nur aus sich selbst heraus wachsen und den Jahreszeiten folgen.

Als nächstes stellt die Therapeutin die Frage, wie der Baum uns erlebt hat. Was hat er von uns wahrgenommen aus seiner Perspektive? Hhmm. Ich war klein und unsicher, etwas neidisch auf seine Stärke. Ich habe versucht, mir von ihm was abzuschauen, so zu sein, wie er.

Mir wird klar, dass der Baum gar nichts denkt, sondern, dass er mir nur dazu dient, Spiegel meiner eigenen Innenwelt zu sein. Es ist allein meine Entscheidung, ob ich so sein kann, wie diese Eichen. Stark, einfach so, wie mich die Natur vorgesehen hat. Ohne Anstrengung, etwas zu sein, was ich nicht bin? Nein, ich brauche nur das sein, was ich bin. Nicht mehr und nicht weniger. Mit allem, was mir widerfahren ist.

HEIMATBESUCH

Wenn man für eine längere Zeit nicht daheim ist, gibt's Ungewohntes auf allen Seiten. Daheim wäscht Mama plötzlich keine Wäsche und auch sonst nichts ab und hier in der Klinik wird das eigene Rollenverhalten von Mama und Ehefrau plötzlich nicht benötigt und es wirft dich ganz auf dein Eigenes Solo-Ich zurück.

Wenn Du das ein, zwei Wochen geübt hast, ist es ein Trick der Profis, mal zu schauen, wie groß die Kraft dieser Dynamiken im Familiensystem ist und sie laden sich deine Angehörigen ein. Am besten den Ehemann oder die Ehefrau, es dürfen bei Unverfügbarkeit derselben aber auch die eigenen Mütter, Väter, aber nicht die erwachsenen Kinder sein.

Da zeigt sich schon mal ganz pragmatisch: wer ist bereit, zu kommen. Wem ist das wichtig durch die halbe Republik zu fahren fürs Wohlbefinden des Klienten. Ohne schon selbst dran zu sein, darf ich beobachten, wie autonome Jungs in Anwesenheit ihrer Frau plötzlich wieder zu den Handlangern ihrer Haus- und Hofregentin werden. Oder wie eine Hochzeit platzt, weil die pragmatische Frage: „Wer kommt?" unerwartet negativ beantwortet wird. Es hinterlässt auch wahrlich kein gutes Gefühl beim Patienten, wenn der eingeladene Papa aus Gründen des Alters und der weiten Strecke absagt, aber 3 Wochen später mit dem Auto nach Spanien fährt.

Mein liebster Ehemann jedenfalls kam. Es hat ihn schwer interessiert, in welcher Gesellschaft ich hier bin und vor allem, ob es mir gut tut, was mit mir veranstaltet wird. Die Klassiker-Geschichte mit dem Kur-Schatten ist schließlich auch nicht von ungefähr. So werde ich Zeugin von Liebschaften, die sich hier entwickeln und die mächtig Komplikationen nach sich ziehen, später, daheim, wenn es irgendwie doch ans Tageslicht dringt, was hier bei Nacht vermeintlich im Verborgenen ablief. Da will mein Liebster sich gern selbst mal ein Gefühl verschaffen, ob hier potenzielle Gefahren drohen.

So hat das Angehörigengespräch also in sich eine recht große Menge Zündstoff, wenn daheim im Privatleben die Konflikte der Auslöser sind, dafür, dass des Klienten Zustand ist, wie er ist. Ich bin froh, dass hier nicht Geschäftspartnerinnen eingeladen werden, falls man wegen Konflikten im Job da ist. Daran erahne ich, wie viel Unwohlgefühl es für einige hier gibt, wenn sie wissen, die bessere Hälfte reist an.

Wir verabreden uns am Himmelfahrtswochenende. Für mehr als 1000 km ist es gut, nicht nur eine Nacht zu bleiben. Die Angehörigen dürfen sogar mit im eigenen Zimmer übernachten, das gefällt uns beiden.

Ich bin vom Typ her eher so, dass ich vor Terminen immer bis zur letzten Minute mit irgendwas beschäftig bin. Das bringt mit sich, dass ich tendenziell eher zu spät, als zu früh da bin. So läuft das auch in unserer schönen Ehe schon immer und ich bin heilfroh, dass mein Mann früh erkannt hat, das nicht persönlich zu nehmen. Schon zu unserer allerersten Verabredung war ich viel zu spät dran. Ich hatte einfach nicht den Arsch in der Hose, meiner Freundin deutlicher klarzumachen, dass wir mal bisschen schneller über das Stadtfest am Elbhang bummeln müssten, weil mich da so ein Typ interessiert, der wahrscheinlich auch auf mein Erscheinen wartet. Er saß im Schlosspark am Ende der Festmeile und meine Freundin blieb an jedem Stand mit Traumfängern stehen. Er hat wirklich lange gewartet.

Bei unserer zweiten Verabredung habe ich unterschätzt, wie weit der Weg vom Parkplatz bis zum Cafè ist und war mindestens 20 Minuten später da, als ich wollte. Er hat wieder gewartet. Und in Bremen, nachdem wir uns ungefähr 4 Wochen kannten, kam er extra von einer Dienstreise aus Israel dorthin geflogen, weil meine Bremer Freundin Geburtstag hatte und ich sie zu ihrem großen Fest besuchen wollte. Er wusste nicht, wo in Bremen die Freundin wohnt, wie sie heißt, wir hatten keine Handys. Wer war nicht pünktlich da: ich natürlich. Ich dachte, das mit dem

Fliegen dauert ohnehin länger und eh dann das Gepäck noch ausgeladen wird, da kann ich mir Zeit lassen. Er flog schon immer nur mit Handgepäck und stand 3 Minuten nach der Landung parat. Er hat gewartet und ziemlich geschwitzt.

Und heute: 20 Jahre später? Der Zug kommt in 15 Minuten im Bahnhof an und ich sitze immer noch in meinem Zimmer und weiß auch noch nicht genau, wo der Bahnhof ist. Manche Dinge ändern sich einfach nicht. Mein Instinkt sagt mir aber: Ich schaff das. Ich will ein bisschen gut aussehen und so probiere ich alle Kleider durch und etwas Schminke muss auch noch drauf.

Als ich dann im leicht hektisch wirkenden Trippelschritt mit wehendem Kleid und Hackenschuhen über den Hof in Richtung Parkplatz eile, höre ich deutlich die Pfiffe hinter mir. Okay, denke ich: „Entweder pünktlich sein oder geil aussehen."

Als der Zug einfährt, flitze ich die Treppen zum Bahnsteig hinauf. Wenig später sprudeln die Hormone und auch nach 20 Jahren kann ich die Schmetterlinge im Bauch noch fliegen spüren.

DAS ANGEHÖRIGEN-GESPRÄCH

Matthias hat nun auch die Aufgabe, mit meinem Mann das Angehörigen-Gespräch zu führen. Wir als Patienten dürfen dabei sein, aber nichts sagen. Ich bin ziemlich gespannt, was da so für Fragen kommen.

Als erstes will Matthias von meinem Mann wissen, was der so denkt, warum ich in dieser Sackgasse gelandet bin. Ich finde, mein Mann trifft die Sache ganz gut. Er ist selbst in einem Job, der viel Verantwortung mit sich bringt und in dem es um Viel geht und wir sind uns an dieser Front auch sehr ähnlich. Interessant ist Matthias` Einwurf, wie man denn als Chef seine Mitarbeiter am besten ins Burn-Out bekommt: „Gib deinen Leuten viel Verantwortung, aber keine echte Handlungs- und Entscheidungskompetenz!"

Da klingelt was bei mir. Ich bin zwar vermeintlich Chefin, aber eben nur zur Hälfte und in diesem Sinn immer davon abhängig, ob meine Partnerin meine Entscheidungen mitträgt. Und in den letzten Monaten war es tatsächlich so: Ich fühlte sehr viel Verantwortung (by the way auch für Dinge, für die ich beileibe nicht verantwortlich bin), aber wirklich Entscheidungen treffen, die ich für richtig halte, konnte ich immer seltener. Unmerklich, Jahr für Jahr, schmolz mein Raum, in dem ich eigenständig handeln und entscheiden konnte.

Den Gipfel bildete ein Vormittag, an dem ich morgens schon mit einer langen Liste von „Wichtigkeiten" empfangen wurde. Ich hatte die Jacke noch an und die Tasche noch nicht abgesetzt, während ich erfuhr, was heute ganz dringend sei und wir unbedingt, am besten sofort zu besprechen hätten. Ich blieb ungefragt, ob ich für die To Do Liste meiner Partnerin überhaupt Zeit hätte. Zusätzlich und gleichzeitig erhielt ich den Hinweis, dass meine Kollegin zwischendrin unbedingt beim Bäcker was abholen müsse. Ich nahms zur Kenntnis und gab mein Bestes. Meine eigene To do Liste verschwand unter den Papieren meiner Kollegin. Als der Zeitpunkt für den Bäckerbesuch ran war, wurde mir zu verstehen gegeben, dass ich jetzt warten müsse, bis sie zurück ist. Allein die Aufgabe meiner Kollegin weiterzuentwickeln, wäre jetzt nicht fair, weil es das Sicherheitsbedürfnis meiner Kollegin erforderlich machte, dabei zu sein.

Ich hätte mir auch direkt eine weiße Zwangsjacke anziehen und die Arme auf den Rücken binden lassen können, damit wäre ich genauso handlungsfähig gewesen. Viel Verantwortung und keine Gestaltungsmöglichkeiten. Wie bin ich nur bis hierhergekommen?

Später will mein Therapeut wissen, was mein Mann darüber denkt, was ich tun werde, wenn alle Probleme gelöst sind. Ich muss schmunzeln. Die Antwort meines Mannes höre ich gar nicht, aber ich sehe, wie ich eine BIG-Party feiere. Eingeladen sind alle, die mir auf diesem Lebensabschnittsweg ihre Ohren, Schultern, Taschentücher, Ratschläge und gute Spruch-Postkarten geschenkt haben. „Nach uns die Gin-Flut" klingt es in mir.

Die nächste Frage von Matthias an meinen Mann bringt auch einen interessanten Aspekt ins Spiel. Was wäre, wenn ich nochmal ein Jahr lang bei meinen Eltern wohnen würde und sie mich „be-eltern" würden, so wie als Kind? Reflexartig erscheint in mir die Frage, ob meine Eltern inzwischen in irgendeiner Form weiterentwickelt sind oder ob sie so handeln würden, wie früher. Wenn alles wäre, wie früher, dann ist mein Bedarf akut viel zu klein für das Experiment im Kopf. Es entsteht eher ein Fluchtgefühl: Nix wie weg hier. Es fühlt sich anstrengend und einsam an. Es war schwer genug, mir einen neuen Platz zu suchen, an dem sich das Leben leichter anfühlt. Nix da!!!

Hätte ich aber Eltern, die meine Bedürfnisse hinreichend gut erfüllen würden, dann fühlt sich so ein Jahr „Hotel Mama" ganz gut an. Wahrscheinlich könnte ich in so einer Zeit eine „Nachentwicklung" nehmen. Vielleicht ist es so, dass in vielen Beziehungen auch genau das abläuft. Die (Ehe-) Frau oder Lebenspartnerin wird unbewusst zum Mama-Ersatz oder der (Ehe-) Mann zum Papa-Ersatz. Da sind wir schon wieder im Rollen-Verstrickspiel angekommen. Die Frau erwartet vom Mann, dass er ihr die emotionale Nähe und Geborgenheit geben möge, nach der sie schon immer sucht und die ihr die Eltern nicht geben konnten. Der Mann erwartet von seiner Frau, dass sie ihn umsorgt und ihm ein schönes Heim gestaltet, was er nie hatte. Koch bitte was Leckeres, mach mir ein Pausenbrot für die Arbeit, sprich mit dem Handwerker, damit es daheim warm und trocken ist. So wie Mama das hätte damals tun sollen. Hat sie aber nicht. Und deshalb besteht noch immer die Erwartung, dass es ihm/ihr so zustehen würde. Tut es aber nicht. Wenn wir erwachsen sind, übernehmen wir besser die Verantwortung für uns selbst und schieben sie nicht dem anderen in die Schuhe mit dem Anspruch: „mach mich glücklich!" Vielleicht funktionieren mehr Partnerschaften nach diesem Prinzip, als man denkt?

Jetzt wird es etwas spirituell im Angehörigen-Gespräch. Mein Mann soll einschätzen, was ich über den Anteil des Einflusses äußerer Macht in meiner Heilungsarbeit denke. Wieviel ist eigene Arbeit, wie viel ist Arbeit der Therapeuten und wie viel ist einfach

Glück, göttliche Fügung, „Zeit heilt alle Wunden?" Ich würde für die Drittel-Regelung plädieren. Oder vielleicht sogar etwas mehr für Glück. Bei allem Unglück bin ich sicher: Es hätte immer auch noch viel schlimmer ausgehen können.

Die letzte Frage erforscht, was wäre, wenn ich in 3 Jahren hier mal zu Besuch in der Nähe bin, einfach mal herkomme und niemand der Therapeuten kann sich an mich erinnern.

Wenn sich Matthias an mich erinnern würde, wäre ich eher überrascht. Wenn Theresa mich vergessen hätte, würde es mich berühren. Wenn aber Nico und Jessy hier wären und mich anschauen, als hätten wir uns noch nie gesehen, das wäre schlimm. Die Frage zielt wohl darauf ab, ob man als Patient hier in das Team und die Gemeinschaft so eine Art „Ersatz-Familie" hineinprojiziert. Klar, das kann schon passieren und wäre sicherlich schwer enttäuschend, wenn keiner mehr weiß, was wir hier zusammen durchgemacht haben.

Mein Mann beantwortet alle Fragen mit dem ihm eigenen Pragmatismus und hält sich weniger als ich an der Interpretation über den Sinn und Unsinn dieser Fragen auf. Er will den See sehen und Eis essen gehen. Auch dafür liebe ich ihn aus tiefstem Herzen.

KASUS KNACKTUS – DER WUNDE PUNKT

Diese Reflektion jeden Tag über die inneren Tiefen der Seele ist harte Arbeit. Zumindest empfinde ich das so. Es stellt sich auch ein Gefühl der Instabilität im eigenen bisherigen Erleben des Selbst ein. Dinge, die schon immer galten, bekommen plötzlich weniger Gewicht und andere, die im Verborgenen wirkten, treten mehr ins Bewusstsein und die Aufmerksamkeit richtet ihren Fokus neu aus. Das fühlt sich gelegentlich wacklig in den Knien an. Die Profis hier meinen, das sei psychische Labilisierung. Wenn sich etwas Neues entwickeln will, geht es vorher drunter und drüber. Deshalb finden das die Therapeuten hier gut. Es erfordert aber auch erhöhte Aufmerksamkeit bei ihnen, sie schauen immer sehr wachsam. Und diese Destabilisierung macht auch müde. Vielen meiner WG-Freunde hier im Haus geht es so, dass sie häufiger als sonst ein Schläfchen machen müssen. WG sollte ich es vielleicht nicht nennen – es heißt therapeutische Gemeinschaft. Wir machen miteinander auch wirklich einen guten Job. Wir schauen nacheinander, wir warten, wenn es nötig ist, wir waschen auch mal zusammen Wäsche und schnacken dabei. Witze sind auch immer ganz hilfreich. Einer vom Chef hat mir gefallen: Kommt ein

Psychotherapeut die Straße entlang. Da hängt ein Mensch von unten an einem Gullideckel in die Kanalisation und kann sich kaum noch halten. Fragt ihn der Therapeut: „Kann ich Ihnen irgendwie helfen?" antwortet der Mensch im Gulli: „Nein, danke, es ist so schon schwer genug!"

In unserer kleinen Herde machen wir am Abend gern noch eine kleine Runde am See entlang. Bewegung hält beweglich im Kopf und im Herzen. Jessys Bein ist allerdings noch schwer vom Skiunfall betroffen. Es schmerzt immer wieder und will nicht heilen. So gehen wir dann manchmal zu zweit. Nur Nico und ich. Wir haben immer Themen und können uns über vieles austauschen. Etwa 3 km von unserem Idyll entfernt gibt es ein schönes Kurhaus. Witzigerweise steht dort jeden Tag die gleiche Tafel: „Heute Kaffee und Kuchen im Kurhaus". Was sonst? Hier sind so viele ältere Herrschaften, die entweder eine orthopädische Reha-Kur machen oder zu Besuch sind, dass es für die vielleicht immer mal was Neues ist, dass es hier Kaffee und Kuchen gibt. Im Nachbarort stand auch einmal an der Tafel: „Heute Ossitorte im Garten". Was das wohl sein mag? Werden hier Ossis gebacken und auf Torten gelegt und dann mit Sahne serviert? Gefährliche Gegend für Landsleute aus den neuen Ländern, die inzwischen auch schon mehr als

30 Jahre alt sind. Die Länder natürlich, nicht die Leute. Obwohl, die auch.

Ich gehe also mit Nico ins Kurhaus und wir entscheiden uns gegen Kaffee und Kuchen und nehmen lieber ein Weizen und ein Cola-Bier. Wenn man bisschen Psycho ist, dann trinkt man schon mal komische Getränke. Es gibt auch wieder BMW – Bier mit Wasser. Die Weinschorle -Version mit Bier.

Irgendwann schaut mich Nico fragend an und formuliert, dass er aus mir noch immer nicht ganz schlau wird. Zum einen weiß ich viel, was so Psychothemen angeht, zum anderen kann er noch nicht so ganz erfassen, was genau mein Problem ist. Das Thema mit der Arbeit, ja gut. Aber das erscheint so wenig der Kern der Sache zu sein, meint er. „Die Arbeit kannst Du umorganisieren. Das ist nicht das Ding!" Wir sind nun auch schon 3 Wochen hier zusammen unterwegs und doch hat er den Eindruck, ich halte mich noch immer zurück. Naja, das mit dem Umorganisieren ist richtig, gleichzeitig fehlt mir genau dafür der Zugang zu meiner Kraft, die ich dafür brauche. Mir fehlt die Fähigkeit, zu spüren, wann meine Grenze erreicht ist. Und falls ich das doch merke, dann kann ich diese Grenze nur sehr schwer vertreten.

Hmm, mir wird etwas mulmig zumute und unwohl. Recht hat er ja. Ich werde dann immer sehr, sehr still. Es fällt mir so sehr schwer, über das, was in mir verletzt wurde, zu sprechen. Doch tief innen weiß ich, dass ich genau deshalb hier bin. Mit meinem Vertretungstherapeuten lässt es sich allerdings nicht so an, dass ich damit weiterkommen kann. Er findet nicht die richtigen Worte und ich bin zugegeben auch sehr sensibel. Das darf ich aber, denn ich bin der Patient. Ich bin nicht hier, um es den Therapeuten recht oder leicht zu machen. Ich brauche für dieses Thema ein sehr hohes Sicherheitsgefühl und sorry, das stellt sich bisher in der Zusammenarbeit mit ihm leider nicht ein.

Es ist eine Weile still zwischen uns. Ich schaue hinaus auf den See. Zu Nico habe ich inzwischen mehr Vertrauen als zu meinem i.V. Therapeuten. Er sagt jetzt das richtige: „Erzähl nur das, was geht und was du erzählen willst. Ich kann nur spüren, dass es für dich was gibt, was dir zu schaffen macht." Ja, ich weiß, wie recht er damit hat.

Ich hole innerlich Schwung und gebe mir einen Impuls. Dieser blöde Kloß im Hals ist schon wieder da und mir so vertraut.

„Na dann versuche ich mal, mutig zu sein. Danke, dass Du so achtsam damit bist. Ich habe davon noch fast niemandem erzählt. Es gibt nur sehr wenige Menschen, die darüber Bescheid wissen."

Nico nickt und bekräftig nochmal, dass es okay ist, wenn ich nichts erzähle oder nur wenig. Das macht es mir leichter. Ich weiß, dass ich es hier den Profis auch anvertrauen muss, wenn ich will, dass sich etwas an diesem Thema bewegt. So betrachte ich es auch für mich etwas als Übung, darüber zu sprechen. Ich hole dann schon mal die Packung Tempos aus meiner Hose und bewaffne mich. Ich weiß genau, dass ich sie gleich brauchen werde.

DAMALS IM SCHWIMMBAD-KIOSK

Ich kenne das Gefühl, ich sei anders als der Rest in meiner Familie, solange ich denken kann. Vor allen Dingen, wenn es um Emotionen ging. Meist war ich es, die emotional reagierte und in viele Fällen erntete ich dafür Zurückweisung. Ich soll mich „nicht so haben" und „heul doch nicht immer gleich rum" und „Du bist ja wie eine Mimose". Diese Sätze habe ich zur Genüge gehört. Dabei konnte ich mir die größte Mühe geben. Der Umgangston, der in unserer Familie oft herrschte, ließ mir oft die Tränen des Schmerzes in die Augen steigen.

Dafür jedoch Zurückweisung und Verachtung zu ernten, machte die Sache nicht besser. Ich entwickelte Zweifel, ob ich normal bin.

Dafür war die Umgebung außerhalb meiner Familie eine wichtige Erfahrungswelt. Dort war in den allermeisten Fällen alles in Ordnung. Ich wurde geschätzt für mein Können, meine Fröhlichkeit und mein Engagement. Das hat mich bestärkt, dass mit mir doch alles in Ordnung ist. Aber vielleicht nicht mit meiner Familie? Und was ist schon „normal"? Vielleicht sind wir ja alle normal, nur eben sehr verschieden normal?

Heute ist es ganz einfach, das so zu sehen. Damals war es ein ständiger Kampf mit dem eigenen Selbstbewusstsein und Selbstwert. Bei guten Erfahrungen in der Schule oder beim Sport und in der Musikschule fühlte ich mich gesehen und integriert. Mein Vater hatte aber die Möglichkeit, dieses Gefühl mit wenigen Sätzen zu einer kleinen Pfütze Tränen schmelzen zu lassen. Besonders dann, wenn ich mich mit Sachen beschäftigt habe, die ihm nicht gefielen. Dann war „Polen offen".

Fakt ist, mit allem, was meine Gefühle und Bedürfnisse anging, hatte ich daheim kaum Rückenhalt. Irgendwann lernte ich, dass ich einfach „mein Ding" machen muss und darüber wenig erzähle und mich wenig mitteile. Das bot einfach weniger Fläche für Konfrontation. Wenn ich also an irgendwas besonders viel Spaß hatte, behielt ich es für mich und wenn ich ein Problem hatte, dann genauso.

Und eines Tages hatte ich ein Problem. Ein großes.

Während ich also mit Nico am See sitze und Cola-Bier vor mir steht, steigen die Bilder dieses Tages vor mehr als 30 Jahren in meinem Kopf wieder auf. Ich kenne diese Bilder, weil sie mich schon jahrzehntelang begleiten.

Es war der Abschlussabend der Schulklasse über meiner Jahrgangsstufe. Sie hatten es geschafft - Ende der Oberschulzeit. Dies wurde in einer Feierstunde gewürdigt, in der die Zeugnisse durch die Schulleitung überreicht wurden. Einige Reden über den Sinn des Lebens von Direktor und Elternsprecher und Danktesworte von den Schülern plätscherten gestelzt durch den Saal.

Ich war Teil des Kulturprogrammes. Als Schülerin der städtischen Musikschule war ich wie geschaffen für diese Anlässe und hatte das Los gezogen, die ganze Show mit ein paar künstlerischen Beiträgen zu schmücken. Vom kleinen Lampenfieber mal abgesehen, machte es mir mehr Freude als Angst, vor die Menschen zu treten und etwas „von den Brettern, die die Welt bedeuten" zu erleben. Auch, wenn es nur in Grünrode-Endhaltestelle Jugendclub stattfand.

Als Dankeschön erhielt ich eine wunderschöne rote Rose überreicht. Ein Schulabschluss ist allemal Grund genug zum Feiern und so ging die Veranstaltung vom offiziellen Teil in ein Abendessen über. Schließlich war Diskoparty angesagt. Alle Eltern und Lehrer machten sich langsam aus dem Staub und die Musik wurde aufgedreht. Die Deckenlampen erloschen und stattdessen drehten sich die Spiegelkugeln und die Scheinwerfer der Showlichtorgel. Ich selbst war eine leidenschaftliche Tanzmaus.

Nach Stunden ausgelassener Feierstimmung in nikotingeschwängerter Luft, schwitzend von der ekstatischen Bewegung zu Rhythmen von Genesis, Aha,

Bronski-Beat und Depeche Mode war frische Luft nötig. Draußen vor dem Klub legte sich der Nachthauch des lauen Sommerabends um meine Schultern. Da waren noch mehr Leute. Ich kannte viele vom Sehen, manche mehr, manche weniger. Wir quatschten, lachten und alberten. Einer lachte besonders. Er machte Späße mit mir und schenkte mir mein Glas wieder voll. Ich fand das klasse, denn ich war völlig verdurstet. Ich strich mir die schweißnassen Haare aus dem Nacken und beklagte die Hitze. Passend dazu kam sein Angebot, doch im öffentlichen Freibad nebenan noch eine Runde schwimmen zu gehen.

„Aber das hat doch längst geschlossen" erwiderte ich. „Stimmt, aber ich habe den Schlüssel, weil ich der Bademeister bin. Wir können im Kiosk unsere Sachen lassen und ganz allein ein paar Bahnen ziehen. Herrlich."

Hätte ich mal jemanden gehabt, der auf mich aufpasst oder mir zumindest beigebracht hätte, in welchen Situationen man einfach „Lunte riechen" muss, wäre der Abend sicher anders ausgegangen. Leider gab es keinen und diese Fähigkeit fehlte mir bis dato oder war einfach verloren gegangen.

Ich fand den Vorschlag super und nach nur 10 Minuten waren wir vor dem Kiosk im Freibad. In meinem Blut ein kribbelndes Gefühl von kleinem Abenteuer. Wenige Sekunden später stand ich im Kiosk.

Als ich hinter mich blickte, hörte und sah ich den Schlüssel von innen zuschließen und in der Hosentasche des Bademeisters verschwinden.

Sein Blick hatte sich in Millisekunden völlig verändert und aus meinem Abenteuergefühl wurde blitzartig eine ungeheuerliche Gewissheit darüber, was jetzt passieren würde. Ich fiel vor Angst in eine bewegungslose Schockstarre. Bevor ich meine Stimme fand, hörte ich ihn auch schon sagen, dass Schreien zwecklos ist, weil uns hier ganz sicher niemand hören wird. Er hätte das schon probiert. Der Lagerraum war fensterlos und dunkel, auf dem Boden lag eine Art Matte. Irgendwo glomm nur ein schwaches Licht.

Für das, was dann geschah fehlen mir bis heute die Worte. Trauma entsteht, wenn Flucht oder Angriff nicht möglich sind. Touchdown in der Hölle. Mein Instinkt verbot mir, mich zu wehren, denn die blinkende Schneide des Messers, was ich aufblitzen sah und dessen Kälte ich auf meiner Haut spürte, malte klare Bilder in meinen Kopf. Auch schätzte ich ein, dass meine körperliche Unterlegenheit einen Gegenangriff sinnlos und die Lage nur schlimmer machen würde.

Der Mechanismus der archaischen Überlebenskunst trat bei mir in der Variante ein, dass ich einen wichtigen fühlenden Anteil meiner Seele in mir wegschickte. Auf diese Art teilnahmslos nahm ich alles nicht mehr so genau wahr.

Zu dem, was ich in meiner Familie bisher schon gelernt hatte, kam an diesem Tag noch eine wichtige Lektion für das Gedächtnis meines Körpers hinzu: Widerstand ist zwecklos, Aushalten hilft überleben, Grenzen setzen ist unmöglich.

Die Strategie war erfolgreich. Ich konnte den Kiosk lebendig verlassen.

Der Fahrer des Taxis, was ich in dieser Nacht anhielt und bat, mich nach Hause zu bringen, hatte einen guten Blick. Er schlug vor, mich zur Polizei zu bringen. Er erkannte, dass ein Verbrechen geschehen war. Ich bin sicher, für eine Anzeige bei der Polizei hätte ich Hilfe benötigt. Die war nicht in Sicht. So lehnte ich ab und wollte nur noch nach Hause und allein sein.

Die nächtliche Dusche vermochte es nicht, mir das Gefühl von wiedererlangter Reinheit zu vermitteln. Ich verhielt mich im Bad besonders leise, weil ich keine Fragen meiner Eltern hätte ertragen können. In meinem Kopf hörte ich schon die Anklagetriade meines Vaters, wenn ich erzählen würde, was passiert war. Ich wäre selbst schuld daran, hätte mich ja auch entsprechend angezogen, zu blöd, um sowas einzuschätzen…. Am Ende noch zu schwach, um sich zu wehren. All das brauchte ich jetzt überhaupt nicht.

Irgendwann übermannte mich im Bett die Erschöpfung und ich muss eingeschlafen sein. Am nächsten Morgen kam es mir vor, wie ein böser Traum. Die müde, halbvertrocknete Rose verschaffte mir jedoch die Gewissheit, dass alles Wirklichkeit war. Die Angst vor Bloßstellung durch meinen Vater lag für mich so greifbar in der Luft, dass ich in diesem Moment beschloss, das Geschehene für mich selbst als ungeschehen einzusortieren. Mit etwas verzerrtem Lächeln erschien ich später zum Frühstück. Die Frage, wie es gestern so war, blieb zum Glück aus. Ich sprach mit niemandem darüber – jahrzehntelang.

Bis ich hier mit Nico am See sitze, beim Cola-Bier im Sonnenuntergang. Okay, das erste Mal ist es gelungen, es auszusprechen. Die Welt dreht sich weiter, die Sonne verschwindet langsam, Nico drückt meine Hand, die nassen Taschentücher sammeln wir zusammen ein und sonst nimmt niemand Notiz von mir. Das ist gut so. Die nächste, der ich es erzählen werde, wird meine Therapeutin Theresa. Ich warte einfach, bis sie aus dem Urlaub zurück ist.

EHEMALIGENTREFFEN

Hier in der Klinik ist es üblich, dass einmal jährlich im Frühsommer ein Ehemaligentreffen stattfindet. An diesem Tag kommen Patienten aus Zeiten vor unserer Therapie und erleben ein Wiedersehen, treffen ihre Therapeuten und der Chef hält einen Vortrag. Theresa ist inzwischen auch aus ihrem Kurzurlaub zurück. Damit werden recht viele Bedürfnisse gleichzeitig erfüllt. Die Patienten fallen wie ein Schwarm für einen Tag hier ein und erleben eine Art „Kurzzeittherapie-Imagination". Allein das Hiersein wirkt auf viele wie eine Auffrischung der Therapiegespräche von damals, Kontakte werden neu geknüpft und sie fahren mit frischen Impulsen wieder weg. Die Therapeuten können etwas erfahren, wie es für die Patienten weitergegangen ist. Dazu gibt es eine offene Gesprächsrunde, in der die Leute einfach erzählen, was sie in den letzten Jahren vielleicht umsetzen konnten von all dem, was sie hier gelernt hatten. Bei manchen ging es tatsächlich aufwärts, bei anderen gab es weitere Tiefschläge, bevor sie sich wieder gerappelt haben. Manche Geschichten klingen spektakulär, andere wie aus dem Verwaltungsfachbuch. Aber so verschieden sind die Menschen. Diejenigen, bei denen es schlecht gelaufen ist, die kommen wahrscheinlich nicht wieder her. Wem es schlecht geht, der setzt sich nicht in so eine Runde und trägt es vor sich her. Ich vermute, so hören wir hier eher die positiven Geschichten und das kann ganz motivierend sein.

Der Chef hatte uns Patienten mit großen Worten auf diesen Tag eingeschworen. Allerdings eher in der Richtung, dass wir lieber die Flucht ergreifen sollten. Auf eine Insel oder ganztägig ans Wattenmeer. Die Ehemaligen würden sich hier benehmen, als gehört das alles ihnen. Sie fühlen sich sofort wie „zu Hause". Schließlich waren sie auch irgendwann mal wochenlang hier und manche würden gern in „ihr" Zimmer gehen wollen und beim Essen tun sie so, als wären sie allein. Ich weiß nicht, ob der Chef damit die Küche entlasten wollte, denn die haben an diesen Tagen schlichtweg mehr als das Doppelte zu schaffen oder ob er wirklich um unser Wohl bemüht war. Ganz sicher war ich mir bei ihm manchmal nicht.

Ich habe mich entschieden, an diesem Treffen teilzunehmen. Das Thema vom Chef-Vortrag lautet: „Trauma-Scham-Selbstliebe".

Es ist eine gute Entscheidung, mir dafür Zeit zu nehmen. Ich suche mir einen Platz, der meine Flucht möglich machen wird, falls es mir zu viel wird. Am Ende des Tages verstehe ich noch besser, was in einem Menschen abläuft, wenn er Opfer eines Traumas wird.

Er spricht also wieder von den Bonobo-Affen. Er leitet ab, wie „Überleben" einer Art überhaupt funktioniert. Es ist einfach eine Tatsache, dass bei den Gefahren, denen man im Leben ausgesetzt ist, früher oder später jeder mal in eine Falle gerät. Das Leben ist kein Paradies mit Eisdiele und es ist auch nicht möglich, immer beschützt zu sein. Deshalb gehören Verletzungen im Leben dazu. Sowohl die physischen als auch die psychischen. Es hat auf diesem Planeten schon so viele Verbrechen gegeben und dennoch ist die Weltbevölkerung ständig gewachsen und nicht ausgestorben. Es muss also eine Art natürlicher Mechanismen geben, um Trauma und Verbrechen zu überleben.

Die Natur hat uns mit physiologischen Reaktionsmustern ausgestattet, die dazu geeignet sind, erlebtes Trauma auch wieder zu verarbeiten und weitgehend folgenlos zu machen. Wenn die Möglichkeit besteht, in Situationen der Angst zu schreien, sich zu wehren, wegzulaufen oder was auch immer, wird die Seele damit fertig. Ist es nicht in dem Moment möglich, dann hilft es auch, wenn es nachgeholt werden kann.

Seitdem verstehe ich noch ein bisschen besser, was am Fußball und vor allem am Zuschauen weltweit so faszinierend ist. Die Menschen können ihre körperlich angestauten Emotionen so gut entladen.

Wenn so ein ganzer Fan-Block brüllt und stampft und wippt, da geht so viel innerer Stressabbau im Gemeinschaftsgefühl der Begeisterung auf, der im Grunde wahrscheinlich woanders hingehört hätte. Es geht also bei weitem nicht nur um den kleinen Ball und das große Tor? Nach dem Spiel gehen die meisten friedlich davon, manche brauchen noch richtig viel Bier, um die unverdaulichen Erlebnisse der Biografie nicht so genau zu spüren und bei wenigen knallt es in Form von Aggressionen so richtig raus. Dann brauchen wir die großen Mannschaftswagen der Polizei und der Verein muss Strafe zahlen.

Ich höre also vom Chef, dass das Trauma zwar unschön ist, aber das, was noch viel schlimmer wäre, ist die Art und Weise, wie mit dem Trauma danach umgegangen wird. Es löst in den meisten Fällen eine Beschämung aus und diese ist eigentlich das Schlimmere am Trauma. Schamesröte kennt jeder. Sie tritt im Gesicht auf. Die Erfahrungslehre meint, dass Beschämung im Gesicht erkennbar wird. In diesem Zusammenhang sprechen wir manchmal davon, dass jemand „sein Gesicht verloren" hat. Also seine Würde, seine Ehre, seine Reinheit wurde dadurch verletzt.

Das Trauma des sexuellen Missbrauchs beschämt, weil das Mädchen oder die Frau nicht mehr selbst bestimmen kann, was mit ihr gemacht wird. Sie wird zum Objekt der Begierde eines anderen. Sie wird benutzt für dessen Triebhaftigkeit. Dabei setzt er seine Macht, Gewalt und Kraft ein. Dadurch drückt er seine Überlegenheit aus. In jedem Gefälle von „sich erhöhen" und „andere erniedrigen" steckt deshalb eine Form der Entwürdigung und diese löst Scham aus. Schämen sollte sich eigentlich der Täter. Doch unsere zivilisierte Moralapostelvorstellung ist der Evolution glatt egal. Es ist verrückt, hier funktioniert ein ganz altes archaisches Muster, was die moderne Zivilisation nicht ändern kann. Oder vielleicht ist es auch so „natürlich", dass es sich nie anpassen wird, weil es ums Überleben der Sippe geht:

Die Scham entsteht auf der Seite des Opfers. Die Verletzung an einem Mitglied der Familie führt dazu, dass es leichter angreifbar ist. Es ist schwächer, gebrechlicher, langsamer, hilfsbedürftiger und die Fähigkeit zur Arterhaltung ist unter Umständen verringert. Die Sippe will aber überleben und erkennt, dass sie sich selbst gefährdet, wenn sie schwache Gruppenmitglieder hat. So kommt es, dass sie die Verletzten ausschließt. Er oder sie wird sonst zur Gefahr für das Rudel. Würde sich das Rudel dem Tempo des schwächsten Gliedes unterordnen, wird das ganze Rudel für Feinde zur leichteren Beute.

Bis heute wirkt dieses Muster in uns. Die verletzte Seele hat deshalb unbewusst große Angst, dass sie vom Rudel verstoßen wird. Das missbrauchte

Mädchen empfindet Scham und hat Angst, dass es von der Familie als beschmutzt ausgestoßen wird. Die Hyänen brauchen auch etwas zum Fressen. Die Nachbarn tuscheln am Gartenzaun. Die Medien dürsten nach Schlagzeilen. Wir haben dafür heute andere Worte, aber das Gefühl ist gleich. Ich finde es sehr mutig von allen Frauen, die ein „Me too-Schild" auf ihren Tisch stellen können. Wir, die Verletzten sind in den Augen von Vielen nämlich nicht mehr Teil der ehrbaren Frauen, zu denen wir dazugehören wollen.

Unbewusst gilt es, zu vermeiden, ausgestoßen zu werden. Mit aller Kraft. Keiner darf es merken, dass ich verletzt wurde. Ich werde tun, als wäre nichts gewesen, denn das sichert mir das Überleben in der Sippe. Sind in dieser Sippe weitere Verletzte und andere Opfer, so tun sie ganz genauso. Sie werden auch nicht spüren, dass den Kindern etwas passiert ist. Sie sind nämlich mit sich selbst beschäftigt. Die Traumata der Eltern führen dazu, dass sie ihren Kindern wenig mit Trost oder Liebe zur Verfügung stehen können. Wie eine breite Spur zieht sich die Folge von Traumen deshalb durch Familiensysteme.

Ein Feuerwehrmann, der einen Verletzten nicht retten konnte, fühlt auch so. Er ist beschämt, weil er nicht in der Lage war, dem anderen zu helfen. Ein Soldat im Krieg, der mit ansehen musste, wie sein Kamerad getroffen wurde, lebt mit der Schuld des

Überlebenden. Ein Schüler, der beim Amoklauf in der Schule seinen Klassenkameraden verliert, hat keinen Halt mehr, weil er es nicht verhindern konnte. Die Beispiele sind zahllos.

Betroffene versuchen, mehr zu leisten als andere. Sie wollen irgendwas wieder gut machen und sind sich dessen nicht bewusst. Sie können arbeiten bis zum Umfallen, um Ihre Beschämung zu vertuschen. „Ich bin stark, schaut her! Niemand soll auf den Gedanken kommen, dass ich beschädigt bin." Und es gibt diejenigen, denen die Kraft dafür verloren geht. Die im Alkohol, mit Drogen, mit Fressattacken ihren Körper unterhöhlen. Sie wollen in letzter Konsequenz ihrer Seele Ruhe verschaffen, in dem sie vorzeitig einen dicken Strick finden oder eine zu große unbeobachtete Schachtel Tabletten. Es ging einfach nicht noch länger auszuhalten. Und dann steht in der Zeitung: Völlig unerwartet, fassungslos, vermeintlich ohne Grund, … ja, weil niemand davon wusste.

Der Vortrag geht nun schon mehr als eine Stunde. Ich bin frustriert. Wie soll ich aus diesem Schlamassel jemals wieder rausfinden. „He Chef! Wie lautet des Rätsels Lösung?"

Sie ist so einfach, wie sie gleichzeitig schwierig ist. Das Zauberwort heißt „Selbstannahme".

Obwohl ich ein Mensch mit brüchigen Anteilen bin, darf ich dazugehören. Ich nehme mich mit allem, was mir widerfahren ist an. Ich sage „Ja" dazu. Es ist so gewesen. Ich ehre und achte mich mit allen Verletzungen, die mir widerfahren sind. Ich liebe mich selbst und nehme mich an, so wie ich bin.

Das Ding mit der Rache

In meinem Kopf schallt schon wieder dieser Satz: „Kannste so machen, ist dann halt Kacke". Tolles Rezept! Selbstannahme! Wer mehr als 30 Jahre versucht hat, etwas als ungeschehen zu betrachten und nicht zu fühlen, der darf plötzlich sagen: Hallo, hier bin ich und übrigens, ich bin mehr oder weniger ein Krüppel?

So etwas wie Widerstand in mir regt sich. Der Chef weiß das und er hat noch einen Joker im Ärmel. Er thematisiert das genetisch angelegte Bedürfnis nach Gerechtigkeit. Opfer von Verbrechen oder Trauma verlangen nach irgendeiner Form von Ausgleich für das erfahrene Leid, was ihnen zugefügt wurde. Die energetisch veranlagten Menschen nennen es das „Gesetz vom Energieausgleich". Geben und Nehmen müssen im Gleichklang bleiben. Ja, da ist was dran. „Wie du mir, so ich dir" oder „Wie man in den Wald hineinruft, so schallt es auch wieder heraus". Alles bekannte Weisheiten, die jetzt ihre tiefe Wahrheit offenbaren.

Schon kleine Kinder haben ein sehr differenziertes Gefühl für Ungerechtigkeit. Sie machen sich eine Weile auch noch lauthals Luft, wenn dieses Bedürfnis nach Gerechtigkeit verletzt wird. Sie tun es so lange, wie sie dieses gesunde Empfinden zum Ausdruck bringen dürfen. Wenn sie allerdings häufig genug dafür zurückgewiesen worden sind, wird es weniger, bis sie es nicht mehr spüren. Nicht selten wird auch von den Eltern, Lehrern, Erzieherinnen, Großeltern trickreich verpackt, dass es gar nicht stimmen würde, was sie da spüren. Dann kann man die Kleinen nämlich auch viel besser manipulieren oder ausnutzen. So nehmen sie auch später als Erwachsene schlechte Arbeitsbedingungen in Kauf oder unangemessene Entlohnung. Aber das wäre mal ein Thema für ein anderes Buch.

Der Chef spricht vom „Schuld- und Verdienstkonto". Wer Schuld auf sich geladen hat, der müsste dafür auch zumindest die Verantwortung tragen. Es gibt das Gefühl und Bedürfnis, der „Wiedergutmachung". Wer das nicht tut, lässt sowas wie ein natürliches Bedürfnis nach Rache beim anderen entstehen. Es dem anderen heimzahlen, wofür er selbst nicht geradestehen will. So viele Krimis haben dieses Strickmuster als Grundlage. Neulich erst sehr schön ein weiteres Mal inszeniert gesehen, „Der Mord im Orient-Express". Die Starbesetzung mit großen Namen und die Machart von Hollywood geben der alten Geschichte neuen Charme. Ein klassisches Mordmotiv aus Rache wird von 12 Beteiligten gemeinsam umgesetzt. Es ist tatsächlich völlig egal, wie lange das ursprüngliche Ereignis zurückliegt. Nicht umsonst befinden sich Täter auch ein Leben lang auf einer Art Flucht. Südamerika war und ist bis heute ein Eldorado für Menschen, die nicht zu ihrer Verantwortung stehen. Sie leben in Angst vor der Rache ihrer Opfer oder der institutionellen Gerechtigkeit. Wahrscheinlich haben die meisten eine mittelgroße Armada von Videoüberwachungen installiert und bezahlen viel Geld für Leute, die die Monitore Tag und Nacht behüten.

Die Sache hat aber leider noch immer einen Haken. Wer Rache übt, wird selbst zum Täter. Ich kann durchaus nachvollziehen, dass es eine Motivation gäbe loszugehen, den Kerl von damals zu finden und selbst zum Halsabschneider zu werden. Wahrscheinlich würde ich sogar eher ein anderes Körperteil anvisieren.

Das macht mich aber auch nicht glücklich und frei. Bleibt also noch immer die große Frage: Wie geschieht die Heilung?

Das Schlüsselwort heißt diesmal Verzicht.

Verzichte auf den Ausgleich, der dir eigentlich zusteht. Mach dich frei davon und erwarte keinen Ausgleich mehr.

Meinen Vorwurf an dich Täter, mir das Leben in Teilen zur Hölle gemacht zu haben, stelle ich hiermit ein. Er wäre eine Form von Abhängigkeit von dir, die mein Leben weiterhin vergiftet und meine

Autonomie verhindert. Ich erkenne an, dass ich diesen Ausgleich nie angemessen erhalten kann und werde. Vor keinem Gericht, auch nicht vor dem jüngsten.

Ich nehme mich mit allem, was mir widerfahren ist an, ehre und achte mich und erwarte von niemandem Ausgleich dafür.

Mit dieser Erkenntnis wandle ich auf mein Zimmer und schlafe tief und fest auf meinem Sofa ein. Das hat noch immer den Charakter einer Rarität. Ich kann ja eigentlich nicht tagsüber schlafen. Nun gut, manche Nacht auch nicht. Aber was solls.

MORGENRUNDE

Es ist üblich, dass wir in der großen Visite-Runde beim Chef zu Beginn alle kurz erwähnen, wie es uns im Moment so zumute ist. Und da gibt es einen Patienten, der mir und vielen anderen ziemlich auf die Nerven geht. So was kommt scheinbar in jeder Gruppe vor. Sein Schicksal ist auch nicht leicht gewesen. Jedoch: das von niemandem der hier ist, war das. Seins muss auf eine besondere Art schwer gewesen sein.

Als er dran ist und die Frage steht, „Wie geht es dir heute?" antwortet er mit „so weit, so gut".

Alle sind ein bisschen froh, weil dieser Moment für ihn sonst auch dafür taugt, in die Jammerrolle zu fallen und sich über alles zu beklagen, was ihm gerade quer liegt.

Er meint, er kommt damit durch und schaut den nächsten Patienten an mit der Gestik von „mehr habe ich heute nicht mitzuteilen". Diese Rechnung hat er aber ohne den Chef gemacht.

In dessen Gesicht blitzt ein kleines Schmunzeln auf. Er bittet den nächsten Patienten noch etwas zu warten und sinniert etwas vor sich hin. In diesen Momenten ist die Spannung der Erwartung sehr stark und jeder fragt sich insgeheim: „Was hat er dazu für eine Story auf Lager?" Er hat eigentlich immer eine auf Lager. Und wenn nicht, dann inszeniert er auch das, als wäre es eine.

In die Stille hinein fragt er zurück, ob er denn die Geschichte vom Mönch in Tibet aus dem großen Palast in Lhasa kennt. Unwissendes Kopfschütteln lässt die Spannung weiter steigen.

Der Chef beginnt also zu erzählen. Von dem klugen Mönch, der immer ganz besonders neugierig war. Er war schon einige Jahre in der Lehre und hatte viele Weisheiten der Religion aufgenommen und doch war in ihm eine große Neugier auf das irdische Leben. So beugte er sich weit über die oberste Brüstung des Palastes, um möglichst weit hinaus in die Stadt und das weite Land zu schauen. Er wollte möglichst alles sehen und nichts verpassen. Trotzdem blieben ihm manche Blickwinkel verborgen und so beugte er sich noch weiter vor.

Da verlor er plötzlich den Halt und das Gleichgewicht und stürzte über die Mauer. Er fiel in die Tiefe des so unglaublich hoch gebauten Palastes. Aus einem der untersten Stockwerke schaute ein junger Mönch mit Entsetzen zu, wie der kluge Mann an seinem Fenster vorbeirauschte und rief ihn an: „Wie geht es dir?" Er bekam zur Antwort:

„so weit, so gut".

DAS DRAMA-DREIECK

Besagter Patient liegt einigen quer. Er hat es super drauf, ungefragt Geschichten zu erzählen, die gerade niemand hören wollte und dabei so sehr auf die Mitleidstube zu drücken, dass man entweder selbst in den nächsten 5 Minuten in depressiver Stimmung ist oder im Grunde nur fix das Weite suchen kann. Weil hier aber auch alle sehr empathisch sind oder zumindest sein wollen und in der therapeutischen Gemeinschaft einfach nicht okay ist, wenn jemand für seine Verletzlichkeit keine Zuwendung erhält, stecken einige in einem recht großen Dilemma. Gleichzeitig macht er oft schmierige Andeutungen und das kommt hier bei einigen Frauen überhaupt nicht gut an.

Prompt ist das Thema der nächsten Gruppentherapie auf dem Tisch: Dieter in seiner speziellen Art. Zum Glück gehört er nicht in unsere Gruppe, sonst hätte sich keiner getraut, etwas zu sagen.

Theresa holt das Flip-Chart und malt ein großes Dreieck mit der Spitze nach oben. An jede der Ecken schreibt sie einen großen Buchstaben: oben ein T, links unten ein O, rechts unten ein R.

Das steht für Täter, Opfer, Retter. Sie schaut in die Runde und fragt uns, wer von den Dreien hier die mächtigste Position hat. Alle denken etwas und dann einigen wir uns auf den Täter. Der macht allen die meiste Angst. Wahrscheinlich hat auch jeder von uns in unterschiedlicher Art mit Tätern zu tun gehabt. Theresa zeigt jedoch mit ihrem spitzen Finger auf das „O" für Opfer.

Wir sind erstaunt. Ist nicht das Opfer am meisten der Willkür der anderen ausgeliefert und am ehesten davon betroffen, keine Handlungsspielräume zu haben?

Theresa schüttelt mit dem Kopf. Sie bekräftigt aber, dass wir mit diesem Dreieck nicht vom Täter im Sinne eines gesetzeswidrigen, juristisch verfolgbaren Verbrechens ausgehen. Da sind wir uns alle einig, dass diese Sorte Täter sehr wohl eine intensive Machtposition ausfüllt.

Aber nein, dieses Dreieck beschreibt den Lebensalltag z.B. die Tage in einer Klinik oder im Kollegium oder beim Einkaufen oder wenn wir mit der Straßenbahn nach Hause fahren. Wenn wir ermüdet und erschöpft in der Linie 6 sitzen und dann kommt die alte Dame, die recht gebrechlich wirkt. Eigentlich würdest du gern selbst sitzen bleiben, der Tag war hart und außerdem hast du Kopfschmerzen. Doch unsere gute Erziehung wirkt: Du stehst auf und bietest deinen Platz an. Damit bist Du der Retter und alle um dich herum lächeln milde und nicken zustimmend und sind stolz auf dich. Aber dein Schädel brummt fürchterlich. Die alte Dame hingegen schaut dich eher triumphierend an und brabbelt was von der heutigen Jugend (zu der Du dich definitiv nicht mehr selbst zuordnest) und ungeschickt rammt sie dir auch noch ihren Stock in die Waden. Wenn jetzt in dir das gesunde Gefühl funktioniert, bekommst du einen Anflug von Aggression. Aber das traust Du dir nicht. Wenn Du Dich jetzt aufregen würdest, hast Du die Schimpftriade der alten Dame ganz sicher gebucht. Also bist Du still und denkst dir nur „blöde alte Kuh".

Und ganz unbemerkt warst Du unbewusst mittendrin im Täter, Retter, Opfer-Dreieck. Wenn du dann zu Hause ankommst und dein Liebster dich fragt, wie dein Tag war: Ach blöd. Die alte Dame in der Straßenbahn hat mir noch den Rest gegeben.

Theresa erklärt das Ganze wirklich gut. Wir alle haben Anteile von Täter und Retter und Opfer in uns. Täglich wechseln wir mehrfach die Rolle und sind es: mal Täter, mal Opfer, mal Retter. Je nachdem, wie wir unsere Biografie bisher erlebt haben und mit welcher Resilienz, also Widerstandskraft wir vom Schöpfer ausgestattet worden sind, ist uns die eine oder die andere Rolle etwas mehr vertraut. Es gibt die Leute, die ständig aggressiv sein müssen. Pöbeln jeden an, sind missmutig und schmeißen nachts leere Bierflaschen durch die Gegend. Denen willst Du nicht so nahekommen und gleich gar nicht, wenn sie beim Fußball in Rudeln unterwegs sind.

Dann gibt es die ewig Bedürftigen. Die schon das meiste vom Staat geschenkt bekommen und immer noch rummotzen, dass sich keiner kümmert und sie benachteiligt sind und irgendjemand Schuld hat an alledem und ganz speziell an ihrer eigenen Misere. Die Möbel sind schon alt und ins Kino gehen können sie auch nicht und es steht ihnen eigentlich ja zu, aber die Politiker machen da viel zu wenig und die Reichen könnten doch mal noch was abgeben.

Und dann kommen die Retter auf den Plan: Diejenigen, die sich für die Rechte der Benachteiligten einsetzen oder für das *innen und die Emanzipation oder für die ungenormte Länge der Ohren bei Kaninchen. Für soziale Gerechtigkeit und für mehr Spielzeug und höhere Steuern und weniger Staatsschulden. Oder wenigstens als Töchter und Söhne, die ihre Eltern pflegen, obwohl diese ihnen das Leben schon immer zur Hölle gemacht haben oder als Kollegin, die für ihre andere Kollegin beim Chef ein gutes Wort einlegt oder als Staatsmacht, die sich in Konflikte fremder Länder einmischt, bloß weil sie meint, die Weisheit vor Ort mit ihrer eigenen Wertevorstellung und Kultur für richtig einschätzen zu können... oh je, da wird mir einiges klar.

Wenn ich dann erst an den breitschultrigen großen Mann denke, der bis vor einiger Zeit an der Spitze von Amerika stand und so eine fürchterlich altmodische Fönfrisur trägt. Der beherrscht die Rollen grandios. Alle 3. Seine Wähler sind die, denen er Rettung versprochen hat, gegenüber China ist er mal Opfer und mal Täter und wie seine Haltung gegenüber Frauen zu sein scheint, daran hege ich wenig Zweifel.

Wenn ich jetzt nicht gleich aufpasse, dann passiert es mir selbst, dass ich Opfergefühle bekomme. Wie war noch die Lösung? Verzicht?

Wenn also Dieter das nächste Mal an unserem Frühstückstisch landet und seine Geschichten erzählt, darf ich freundlich, aber bestimmt mitteilen, dass ich mich in Selbstfürsorge übe und dann mal an einen anderen Tisch gehe. Es ist nämlich tatsächlich so: Niemand und nichts zwingt mich, für dieses Spiel zur Verfügung zu stehen, außer meiner vermeintlich guten Erziehung. Da ich aber schon groß bin, kann ich diese Glaubenssätze hinterfragen und sie müssen nicht bis zum Sankt Nimmerleinstag gelten. Ab jetzt ist Zeit für Selbstfürsorge. Dort am anderen Tisch brauche ich auch nicht die Augen nach hinten rollen und rumspeckern, warum ich den Tisch wechseln musste und ich brauche auch nicht versuchen, Dieter mein Mitgefühl zu geben und ihn aus seinem Elend zu retten, indem ich da so verschiedene pseudotherapeutische Tricks kenne, die ich ihm dann mal empfehlen kann.

Klingt gut. Probiere ich das nächste Mal. Ganz sicher.

Kleine Frau, was nun?

Für das Thema Dieter hatte ich nun eine Lösung. Schön. Für mein eigenes nicht. Nicht schön.

In meiner nächsten Therapiesitzung bitte ich Theresa, dass ich gern zu diesem Thema arbeiten würde. Ich bin mir völlig im Klaren, dass es kein Zuckerschlecken wird, aber wenn nicht jetzt, wann dann? Wenn nicht hier, wo sonst?

Sie nimmt es zur Kenntnis und organisiert für mich bei der Körpertherapeutin Einzelstunden. Davon habe ich schon gehört und dort dürfen die Patienten hin, die schon eine Weile da sind und die gleichzeitig stabil genug und strukturiert genug erscheinen, sich auf den Weg in Richtung Hölle zu machen. Zumindest habe ich den Eindruck, nicht jeder kann diese Stunden erhalten. Immerhin, ich bin also vorgeschlagen und muss nun den ersten Termin abwarten.

Zäh vergehen die Tage, bis es so weit ist. Inzwischen beginne ich ein kleines Projekt, was ich mir mit hierher genommen habe.

Schon lange interessiere ich mich für die Mitglieder meiner Familie. Gerade weil ich mir so viele Gedanken um mein eigenes Wohl mache und im Grunde schon jahrelang unbewusst danach suche, was in mir verloren gegangen ist, habe ich mich auch besonders intensiv mit meinen Wurzeln befasst.

Meine Mutter konnte ich bisher noch fragen, sie weiß jedoch leider nicht all zu viel. Mein Opa mütterlicherseits wurde 95 Jahre alt. Leider hat er mir nicht viel erzählt. Ich hatte immer den Eindruck, er will das nicht. Und Oma? Sie starb am Herzinfarkt, bevor mir all die drängenden Fragen zur Familiengeschichte in den Sinn kamen. Es gab nur sehr wenige Freunde im Leben meiner Großeltern. Ein paar spärliche Verwandte, aber sonst pflegten sie kaum soziale Kontakte. Die Gesprächsthemen beim Kaffeekränzchen gingen nie über die Höhe der Dahlien in der Kleingartenanlage hinaus. Als die andere Oma starb, war ich 13. Sie hätte mir viel erzählt, aber wir kamen nie dazu. Ihr Mann war es, der bei Stalingrad verloren ging.

Mal ehrlich. Alles keine Zeiten zum Glücklichsein.

Mein Projekt hier in meinem Klinikzimmer ist: mal all die alten Bilder ausdrucken, dran schreiben, wer es ist, wann und wo er/sie gelebt hat und in welchem Verwandtschaftsverhältnis sie zueinanderstehen und dann ordnen und aufkleben. Ich kann hier jederzeit mal zum Drogerieladen laufen und Fotos ausdrucken oder online bestellen. Hier kommt jeden Tag der Paketdienst und bringt das „nötigste" in die WG. Man glaubt kaum, wie manche hier ständig shoppen müssen.

So haben meine Kinder später mal die Chance, einfach diesen Ordner zu öffnen und zu erfahren, woher sie kommen. Vielleicht interessieren sie sich auch erst dafür, wenn sie älter als 50 sind. Oder eher? Oder nie? Und ihre Kinder vielleicht? Wenn sie mal welche haben? Auf jeden Fall nutze ich die Zeit und fange mal an, meinen Stammbaum aufzukleben.

EINZEL-KBT

Endlich bin ich dran. Ich darf zur Einzel-KBT. Konzentrative Bewegungstherapie. Hatte ich vorher noch nie gehört. Gelesen hab ich, dass diese Methode in 140 psychosomatisch-psychiatrischen Kliniken zum Behandlungsstandard gehört. Was es nicht alles gibt. Und wie viele Kliniken es gibt, echt erstaunlich. Zuerst dachte ich, es sei so eine Art Sportgruppe. In so vielen Kliniken ist Sport das prioritäre Mittel der Wahl. Vielleicht auch hilfreich, aber nicht für mich. Die Erfahrenen hier in der Truppe erzählen aber, es habe rein gar nichts mit Sport zu tun, sondern dass es um die Sinneswahrnehmung im Körperausdruck geht. Heute also Konzentration auf meine Sinne.

Ich kenne Liane, die Therapeutin schon von unseren Gruppensettings. Ich habe Vertrauen zu ihr. Sie weiß, was sie tut und stellt die richtigen Fragen. Diesmal muss sie gar nicht viel fragen. Ich sitze in ihrem Zimmer auf meinem Stuhl und soll einfach mal spüren, was gerade in mir ist. Es dauert weniger als 5 Sekunden, da kann ich ihn schon wahrnehmen; den inneren Schmerz, der sich an die Oberfläche spült, ohne dass ich den Hauch einer Chance habe, mich gegen ihn zu stellen. Mit all der Vorarbeit, die wir hier durch Gespräche, Erkenntnisse und Gruppen-übungen getan haben, liegt er nun obendrauf. Aber genau darum geht es ja. Ich habe diesen Schmerz jahrzehntelang unterdrückt, völlig unbewusst. Das hat mich so viel zusätzliche Energie im Alltag gekostet, dass ich innerlich ausgebrannt bin. Mit viel Arbeit in meinem Job und in der Familie habe ich versucht, diese innere Leere zu überdecken. Deshalb konnte ich mich auch nie wirklich ausruhen. Sofort kam die innere Unruhe auf, Unwohlsein im Nichtstun, Schreckhaftigkeit, Rastlosigkeit. Also lieber die To-Do-Liste in Angriff nehmen. Ich dachte so oft, dass es dieser Druck ist, der mich auf Trab hält. Die vielen Dinge, die noch zu erledigen sind. Pustekuchen mit drei Ausrufezeichen. Die To-Do-List war nur das unbewusste Mittel, um die innere Leere zu füllen.

Lianes Stimme führt mich mit der Wahrnehmung durch meinen Körper. Besonders schlimm ist es in der Herzgegend und im Hals. Ich hab so einen dicken Kloß im Hals, dass ich schon ein Würgegefühl empfinde. Eine Welle von innerer Trauer und Schmerzlichkeit reißt mich mit. Doch Liane ist da und wir atmen gemeinsam und ich lasse den ganzen inneren Ozean von Tränen abfließen. Es läuft nur so. Zu meinem Glück: Auch hier sind die Taschentuchboxen präpariert. Nach meiner Stunde ist der Papierkorb voll.

Noch nie zuvor habe ich mir selbst oder jemandem bei mir zugemutet, so intensiv zu weinen.

Touchdown in der Hölle, 4. Etage. Liane erklärt mir, dass es sich der Körper merkt, wenn ein physiologisches Gefühl entsteht, aber nicht ausgedrückt werden kann. Das, was damals im Kiosk passiert ist, hat tiefe Trauer und kaum stillbaren Schmerz in mir ausgelöst und bis heute hat er in mir festgesteckt. Nie hatte ich die Gelegenheit, zu betrauern, was mir passiert ist. Vergraben unter Schichten von „Vergessenwollen" bis es wirklich so weit ins Verborgene meiner Seele abgetaucht ist, dass ich von dessen Existenz in meinem Bewusstsein kaum noch etwas wahrnahm.

Die gute Nachricht ist: Irgendwann hört es auf. Es ebbt ab, von ganz allein. Je weniger ich mich dagegen wehre, desto geringer fühlt sich auch der innerliche Druck nach einer Weile an. Danach folgt eine eigenartige Mischung aus Erschöpfung und Erleichterung. Der Weg zurück in mein WG-Zimmer ist zum Glück kurz. Ich schaffe es gerade noch bis ins Bett. Finalschlaf ist angesagt, kann Stunden dauern und hat bleierne Schwere. Aber er ist schön, wunderschön. Als ich am nächsten Tag in den Spiegel schaue, finde ich, dass meine kleinen Fältchen weniger tief sind. Ich muss schmunzeln. Die ganze Werbung für tolle Cremes und Anti-Aging-Dinger aus dem Kosmetik-Regal kommt mir in den Sinn. Ich weiß jetzt was Besseres. Mädels, macht doch einfach mal so eine richtig intensive KBT-Sitzung.

VERTRETUNG EINMAL ANDERS

Meine nächste Stunde mit Liane läuft tatsächlich ähnlich ab. Es ist schier unglaublich, was sich unser Körper so merkt. Noch einmal taucht sie mit mir in mein Inneres und übersetzt die Sprache meiner Muskeln, des Geschmacks in meinem Mund, das Ziehen in meinem Unterbauch und als Mischung aus Tränen, Schluchzen und Tönen verlässt es mich.

Und dann passiert etwas Unerwartetes für mich. Hinter dem Schmerz und der Trauer taucht plötzlich ein neues Gefühl auf. Es ist wehrhafter. Ich formuliere das, doch Liane bremst mich. Ich kann ganz deutlich spüren, dass sich die mit der Trauer verbundene Haltlosigkeit in eine neue Qualität formt. Da entsteht eine Art Kraft, etwas, dass sich in Armen und Händen als Spannung breit macht.

Zu meinem Bedauern sind auch KBT-Stunden im Klinik-Alltag nach Zeiteinheiten getaktet. Diesmal empfinde ich es so, als würde mein innerer Prozess von der Uhr unterbrochen. Liane gibt mir keinen Raum mehr, das, was sich da anbahnt, auszudrücken. Da ist er wieder in meinem Kopf; mein Lieblingssatz hier: „Kannste so machen, ist dann halt Kacke".

Wenig später sitze ich mit meiner kleinen Herden-Freundin beim Tee im Garten und bin wie benommen. Es fühlt sich an, als wäre ich mitten im Geburtsprozess aus dem Kreißsaal geschickt worden. So geht das doch nicht. Erst hängen sie mich hier an den Wehentropf und dann ist Schichtwechsel und ich soll heimgehen?

Aus meinem Inneren steigt Unmut herauf. Die Situation und meine Arbeit bei Liane verstärken sich gegenseitig. Jessy erkennt zielsicher mein Dilemma. Wir beide haben so eine gute Chemie miteinander, dass ich sie bitte, mit mir zum See zu fahren. Wir schnappen uns die Räder und sind weg. Wahrscheinlich haben wir sogar die blöde Liste zum Austragen vergessen.

Wir finden einen Platz auf einer kleinen Lichtung direkt am Wasser. Hier liegt ein dicker Holzknüppel herum. Als mein Blick auf ihn fällt, ist mir sofort klar, was sich in meinen Muskeln gerade abspielt. Sie wollen zuschlagen. Ich packe den Ast und im nächsten Moment peitsche ich mit ihm auf das Gras der Lichtung ein. In mir werden Sätze deutlich. „Du gemeiner Hund hast mich ganz bewusst in eine Falle gelockt". „Dafür schlag ich dir den Schädel ein!" „Du bist ein verfluchter Kinderschänder!" „Jetzt kriegst Du Deine gerechte Strafe dafür!" und auch noch einiges mehr, was sehr unanständig klingt, weshalb ich es hier verschweige. Aber dort auf der Lichtung lasse ich alles zu.

Jessy unterstützt mich und bekräftigt mich, ich solle weitermachen. Gefühlt bleibt vom Astknüppel am Ende nicht viel übrig. Unter meiner Kraft zerbricht er in viele kleinere Stücke, ich trete darauf herum und schreie meine ganze Aggression aus mir heraus. Rumpelstilzchen ist „n Scheißdreck dagegen".

Auch diese Wut ebbt irgendwann ab. Ich kann nicht mehr sagen, ob es eine viertel Stunde so ging oder nur 5 Minuten. Auf jeden Fall hatte es etwas sehr Befreiendes. Irgendwann kam ein Fahrradfahrer vorbei, der irritiert stehen blieb. Jessy signalisierte ihm, es sei alles okay und wir kämen schon zurecht. Entgeisterten Blickes fuhr er davon. Wahrscheinlich fiel ihm dann ein, dass hier ja gleich die „Klapse" um die Ecke ist. Mir ist das alles gerade schnurzpiepegal.

Auch dieser Teil war eine aufgestaute physiologische Körperreaktion. Wäre ich nicht 15 gewesen und hätte es nicht ein Messer gegeben und wäre der Kioskschlüssel nicht in seiner Hose verschwunden, hätte ich einen Weg gesehen, dem Mistkerl körperlich gewachsen zu sein, dann wäre genau das mein adäquates, richtiges Verhalten gewesen. Ich hätte ihn einfach verprügelt. Denn nichts anderes hätte er verdient gehabt.

Jessy ist bei mir und wir liegen uns minutenlang in den Armen. Ich ernenne sie zur talentiertesten Co-Therapeutin ohne Zertifikate mit ganz viel Herz. Es war so wertvoll für mich, dass sie mich in diesem Moment begleitet hat, ohne zu fragen, was da abgeht. Sie war einfach nur da. Das erste Mal in meinem Leben bin ich in so einer intimen Situation von Heilung außerhalb einer Profi-Sitzung nicht allein. Das tut ungeheuerlich gut.

Ich konnte es in diesem Moment mit Nichts aufhalten. Es musste raus. Es war so gut für mich.

An dieser Stelle im Buch sollte wohl der Hinweis kommen: bitte nicht einfach nachmachen; kann zu Komplikationen führen. Ich hatte einfach Glück, aber normalerweise macht man das mit Leuten, die sich damit auskennen.

Während wir noch da an der kleinen Wiese am See stehen, kommt ein unfreundlicher älterer Herr im benachbarten Grundstück an seinen Zaun und ruft uns laut zu: „He, Sie da, was ist denn das für ein Krach? Wenn Sie Probleme haben, gehen Sie woanders hin!"

Der gute deutsche Michel. Sorgt für Recht und Ordnung. Er kann mich mal.

AUSWIRKUNGEN

Ich bin ziemlich erschöpft. Wieder mal. Aber das ist trotzdem irgendwie gut.

Es fühlt sich sehr weich in den Knien an und doch kann ich mich aufrichten und tief durchatmen. Es hat eine andere Qualität als bisher.

Ich murmele vor mich hin: „Ich nehme mich mit allem, was mir widerfahren ist an, achte mich und mein Schicksal und verzichte auf den Ausgleich, der mir zusteht."

Das bedeutet für mich ganz konkret, dass ich zu-allererst selbst mal anerkennen muss, dass ich in meiner Seele Schaden davongetragen habe und dass mich das in meinen bisherigen Entscheidungen beeinflusst hat. Die vermeintlich positiven Aspekte der Leistungsfähigkeit und der unendlich erscheinenden Bereitschaft, Verantwortung zu tragen und Loyalität gegenüber meiner Familie und in meinem Arbeitsumfeld zu üben und die Bedürfnisse anderer zu erfüllen, haben mich meine eigenen Bedürfnisse vergessen lassen.

Hätte ich nicht Dinge erlebt, die meine gesunden Gefühle und deren Schutzmechanismen zumindest beeinträchtigt haben, so wäre ich heute nicht in einem Burn-Out. Ich hatte verlernt Grenzen zu setzen, sie zu verteidigen und für sie einzustehen.

Wenn ich das mal für mich selbst anerkennen kann, beginnt der Weg zur Selbstliebe.

In dieser Form der Selbstannahme ist es möglich, auf neue Art und Weise meine Grenzen zu wahren und nur noch dafür verantwortlich zu sein, was mich wirklich etwas angeht. Das nenn ich mal eine Aufgabe. „Nachentwicklung" nennen es die Profis. Normalerweise lernt man das von klein auf und entwickelt diese Fähigkeit bis zur Pubertät und im jungen Erwachsenenalter ganz gut aus. Ich hole es jetzt nach, geht auch mit 49.

Jessy fragt mich eine wichtige Frage: „Was genau ist es eigentlich, was dich am Verhalten deiner Kollegin immer so in die Handlungsunfähigkeit treibt? An welches Gefühl erinnern dich diese Situationen, in denen du so eine Schockstarre empfindest und sie noch nicht einmal zugeben kannst, sondern weiter funktionierst, zustimmend nickst und spürst, dass Du nichts ausrichten kannst?"

Ich nehme diese Frage mit in die Nacht. Am nächsten Morgen kenne ich die Antwort. Der Trigger, der die Schockstarre aufs Tablett holt, heißt: „Unerbittlichkeit-Widerstand ist zwecklos".

BEI THERESA IN DER GUTEN STUBE

Erstens kommt es anders und zweitens, als man denkt.

Einen intensiven therapeutischen Prozess macht man normalerweise mit seiner Therapeutin. Bei mir ist das irgendwie danebengegangen und doch völlig richtig passiert. Meine spontane Aktion mit Jessy am See war heilsamer als alles andere hier und wäre aber ohne den Rest auch nicht möglich gewesen.

Ich will es aber zumindest mit Theresa nachbesprechen.

Ich bin so dankbar, dass es hier in diesem Klinikrahmen überhaupt möglich wurde, ein so tief gehegtes Tabuthema zurück an die Oberfläche zu holen. Und so was ist nicht planbar. Es passiert oder nicht. Die Faktoren, die es ermöglichen oder nicht, sind so vielfältig, dass es vermessen wäre, mit der Erwartung zu kommen, dass es gut läuft. Es ist wohl auch ganz normal, dass für die Bearbeitung eines Traumas mehrere Anläufe nötig sind und es reicht aus, dass Kleinigkeiten nicht passen und die individuellen Schutzmechanismen verhindern, dass die Bearbeitung möglich wird.

Doch dann kommt es wieder anders.

Theresa ist zur Fortbildung und wir sehen uns vor meiner Abreise nicht mehr.

Mit gemischten Gefühlen packe ich meine Koffer wieder ein. Die Stapel von Tempos sind deutlich dezimiert. 2 Päckchen sind übrig für daheim.

Zurück in der Heimat

Die Wochen in der Klinik liegen hinter mir. Es war gut, dort gewesen zu sein. Es hat sich Vieles verändert. Nicht alles ist gut. Doch Vieles ist besser. Es gilt, sich in Altes wieder einzufinden und dabei trotzdem das Neue in mir selbst zuzulassen. Jeder neue Tag bietet ausreichende Gelegenheiten zur Übung.

Ich fasse einen Beschluss: Alles, was mir klar geworden ist, alles, was ich neu für mich entdecken konnte und alles, was mir hilft, das Alte ruhen zu lassen, seine Auswirkungen nicht mehr zur unguten Motivation werden zu lassen, möchte ich mit einem kleinen Ritual beschließen.

Ich schreibe einen Brief, der für mich alles zusammenfasst, was über 35 Jahre unausgesprochen blieb:

ZEUGNIS EINER LÄNGST VERGANGENEN NACHT

Es war ein lauer Sommerabend. Ich war ein lebenshungriges und einsames junges Mädchen. Ich tanzte gern und viel und die Hitze meines Körpers schlug ihren Nebel auf die Brillengläser aller, die mir nahe waren.

Ich war wohl leichte Beute für Dich. Es lag auf der Hand, dass ich Dein Angebot annehmen würde. Du maltest Bilder in meinem Kopf, wie wir mitten in der Nacht im nahegelegenen Freibad eine Abkühlung nehmen würden. Abenteuerlustig und etwas verwegen erschien mir die Idee, über den Zaun zu steigen und ganz allein in die spiegelglatte Wasserfläche zu gleiten, in der sich das Mondlicht verfängt.

Ja, das waren verlockende Bilder.

Du hattest aber einen ganz anderen Plan und hast meine Naivität, meine Unerfahrenheit und meinen Glauben an Würde und Achtung voreinander schamlos ausgenutzt.

Du hast an mir ein Verbrechen begangen. Du hast die Grenzen von Spaß und sommerlicher Leichtigkeit gewaltsam durchbrochen und mir damit einen Schaden zugefügt, der für Jahrzehnte seine spürbaren Auswirkungen in meinem Leben hinterließ.

Ich lernte durch dich, das Unterwerfung Leben retten kann, dass Schockstarre Gefühle zu fühlen verhindern kann, dass es gefährlich ist, Grenzen zu setzen, dass die Gefühle von Hilflosigkeit und Auslieferung mir die Würde und das Recht auf Selbstbestimmung nahmen.

Mit diesen Grundannahmen ging ich viele, viele Jahre durchs Leben und unterwarf mich, fiel in Schockstarre, ließ Menschen meine Grenzen übertreten und verhielt mich meiner unwürdig.

Mit dem heutigen Tag lege ich Zeugnis darüber ab, dass all das jetzt vorbei ist.

Das Ereignis liegt 35 Jahre zurück, seine Wirkung hat mich bis heute begleitet. Aber jetzt ist auch das vorbei. Es bleibt nur eine Erinnerung ohne Macht über mich.

Diese Erinnerung gehört zu meinem Leben und die Erfahrung macht mich verständnisvoll gegenüber anderen Frauen, die ähnliches erlebt haben. In schmerzvollen Prozessen gelang es dennoch, dass alte Wunden sich verschließen und ich die Kraft in mein Leben zurückholen konnte. Den Teil, den du mir genommen hast, habe ich mir zurückerobert und damit bin ich frei von Dir und der Geschichte.

Deine Strafe wirst Du vielleicht schon erhalten haben oder sie trifft Dich eines Tages unerwartet.

Ungesühnt bleibt das alles sicher nicht, zumal ich sicher bin, dass ich nicht die einzige war in deinem Kiosk.

Ich verzichte auf den Ausgleich durch dich, ich verzichte auf Ansprüche als Opfer. Die Erinnerung an dich wird in mir verblassen, mehr und mehr, weil es nicht mehr wichtig ist.

In meinem zukünftigen Leben werde ich wachsam, würdig, kraftvoll, klar und selbstbestimmt handeln.

Was aus dir wird, ist mir einfach nur egal. Vielleicht bist Du auch schon tot, es würde mich nicht überraschen. Für mich werde ich es so betrachten. Gute Reise – von mir aus - fahr zur Hölle.

Aus dem Blatt Papier, auf dem all das geschrieben steht, falte ich ein kleines Schiffchen.
Ich mache mich zu Fuß auf den Weg zu einer nahegelegenen schönen alten Brücke, die sich über die Elbe spannt. In der Mitte flussabwärts bleibe ich stehen. Obwohl um mich herum der Verkehr des Alltags in seiner üblichen Geschäftigkeit den Ort belebt, wird es in mir ganz still.

Ich schaue auf den Fluss. Seine Wasser gleiten ruhig dahin. Die Oberfläche glitzert in der Sonne. Am Ufer bilden sich kleine Strudel. Ein paar Enten lassen sich treiben. Idylle.

Das kleine Papierschiffchen liegt in meinen Händen. Gedanklich lasse ich aus meinem Körper noch ein letztes Mal alles, was hier dazu gehört in das Papier gleiten. Dann breite ich meine Arme weit aus und das Schiffchen segelt durch die Luft, bevor es von der Strömung erfasst und langsam davongetragen wird.

Eine Weile kann ich den kleinen weißen Punkt auf der spiegelnden Wasserfläche noch erkennen, bevor er meinen Blicken entschwindet.

WAS BLEIBT

Alltag.

Es wäre vermessen zu glauben, dass plötzlich alles anders wäre.

Manchmal schlafe ich gut, manchmal aber auch nicht. Der Unterschied ist, dass ich es besser annehmen kann. Wenn ich morgens müde und erschöpft bin, dann bleibe ich einfach ein wenig länger liegen.

Ich mache das, was mich früher bei anderen Leuten zur Weißglut getrieben hat. Ich bin ab und zu unpünktlich. Ich habe manchmal die Aufgaben nicht erledigt. Gelegentlich halte ich mich nicht an die Regeln. Auf meinem Diagnosezettel steht ohnehin: Anpassungsstörung. Ich sorge für mich.

Das mag egoistisch erscheinen. Von mir aus. Es geht um Selbstachtung, um Selbstliebe und Selbstannahme. Dieses Recht gestehe ich mir zu und auch allen anderen. Ich mute mich mit allem, was war und ist, meinen Mitmenschen zu.

Wenn ich auf irgendetwas 14 Tage warten muss, dann dauert es eben so lange. Vielleicht hat derjenige auch schlecht geschlafen und ist morgens noch liegengeblieben. Das ist menschlich.

Es gibt nach der Klinikzeit viele Entscheidungen zu treffen. Einige davon sind sehr weitreichend. Für manche brauche ich einen großen Anlauf, um sie treffen zu können. Es wäre ebenso vermessen, zu glauben, dass die Geschichte hier endet. Im Grunde fängt sie hier erst nochmal richtig an.

All die Fragen nach dem täglichen „Klein-Klein", was das Leben ausmacht, sind mit meinem Ritual keineswegs geklärt. Die Schatten der Vergangenheit ins Licht geholt und das Leben wieder lebendig zu führen ist das eine. Die Zukunft neu zu gestalten ist das andere. Womit verdiene ich meinen Lebensunterhalt, welche Arbeit passt noch oder neu zu mir, welche Beziehungen taugen noch etwas und welche sind Auslaufmodell? Wie geht es mit mir persönlich und wie mit meiner halben Firma weiter? Wird es mir gelingen, den Spirit der Gründung zurückzuholen und meine Sichtweise auf würdevolles, menschliches Verhalten, in Achtung der Bedürfnisse aller Beteiligten auch in die Strukturen des täglichen Miteinanders in meinem Unternehmen zu installieren?

Mit meinem Klinikaufenthalt habe ich ein gutes Rüstzeug erhalten, aber die Arbeit steht direkt vor meiner Tür, um das neue Leben keinen ungelebten Traum sein zu lassen. Um Selbstliebe im Leben umzusetzen, kann ich nicht einfach zurückgehen und wieder dort weitermachen, wo ich herkam und was mich letztendlich in die Sackgasse geführt hat.

Werde ich es schaffen, mir treu zu bleiben? Werde ich Grenzen erkennen und vertreten? Wird es gelingen, Entscheidungen für mich tragfähig zu treffen und dabei auch das Wohl und Wehe der Betroffenen im Auge zu behalten? Ich bin es mir wert, für mich einzustehen.

Wäre es ein „Versagen", wenn ich es nicht hinkriege?

Die Möglichkeit, nach Monaten wieder zum alten Programm überzugehen, vielleicht mit mehr „Insiderwissen" bleibt auch als Option. Manchmal gelingt es nicht anders, weil die Kraft nicht ausreicht, weil die Zwänge der Existenzsicherung nicht wegzudiskutieren sind. Das wäre Plan B. Dann stehe ich möglicherweise nach 2 oder 3 Jahren wieder vor der Tür der Klinik. „Nobody is perfect." Man kann sich auch zum „Aufbaukurs" dort anmelden.

Plan A erscheint jedoch verlockender.

Julia Goldammer

Die Autorin schreibt unter Pseudonym. Dieses Buch ist ihr Debütwerk.

Im ersten Berufsleben arbeitete sie als Lehrerin an einer ganz normalen Schule und spielte in einer Cover-Band. Nach der Familiengründung legte sie die Prüfung zur Heilpraktikerin ab und gründete im zweiten Berufsleben ihr eigenes Bildungsinstitut. In 15 Jahren als Geschäftsführerin wuchs das Unternehmen zu einem mittelständischen Betrieb. Heute füllt sich das dritte Berufsleben von Julia Goldammer als freiberufliche Therapeutin für Psychotherapie und Körperarbeit in eigener Praxis. Sie unterrichtet Humanmedizin für medizinische Fachberufe und hält Vorträge zum Zeitgeschehen und Fachthemen. Als Analytikerin für Persönlichkeitsentfaltung unterstützt sie Privatpersonen und Führungskräfte und berät Firmen in deren Organisationsstruktur. Sie lebt mit ihrer Familie in einer ostdeutschen Großstadt. Mit ihrem Mann verbringt sie viel Zeit auf Reisen.

Wer Kontakt mit Julia Goldammer aufnehmen möchte, kann dies über das Kontaktformular auf der Internetseite **www.juliagoldammer.de** tun.